Deux à deux

**Situations et intentions communicatives
pour la pratique de dialogues
Débutants et niveau avancé**

**Michael Dreke / Wolfgang Lind
Detlev Mahnert**

LANGENSCHEIDT

BERLIN · MÜNCHEN · WIEN · ZÜRICH · NEW YORK

Illustrations:

LUVI
H. Horn: Unités 6, 11, 14, 16, 18, 28, 44
A. Rehr: Unités 2^3, 6, 19 (adapt.), 24, 29 (adapt.), 41, 45A, 57
Photo unité 4: Wullweber

Couverture: K. Meyer

Sources:
Unité 21, Plan de la ville de Nancy: BCA, Nancy
Unité 50, Bandes dessinées extraites de Rollet, *Parler et écrire avec la bande dessinée.*
© Hachette, Paris

| Druck: | 5. | 4. | 3. | 2. | 1. | Letzte Zahlen |
| Jahr: | 95 | 94 | 93 | 92 | 91 | maßgeblich |

© 1991 Langenscheidt KG, Berlin und München

Druck: Druckhaus Langenscheidt, Berlin
Printed in Germany – ISBN 3-468-49996-5

Contenu

Introduction

DEUX À DEUX a été conçu comme matériel d'accompagnement pour tout manuel de français, pour débutants ou apprenants ayant déjà des connaissances dans cette langue. Cet ouvrage s'adresse à des grands adolescents ou à des adultes. Il a pour objectif d'améliorer la compétence orale de l'étudiant tout en fixant ses connaissances grammaticales.

Dans l'enseignement traditionnel du français, le professeur introduit une nouvelle structure grammaticale et fait faire quelques exercices écrits pour en fixer l'acquisition, mais l'utilisation de cette structure comme instrument de communication est souvent négligée. L'expression orale est de ce fait souvent peu développée.

La réalisation de DEUX À DEUX est donc basée sur les réflexions suivantes: le but de l'enseignement d'une langue étrangère est avant tout de permettre à l'apprenant de savoir utiliser des moyens linguistiques simples, mais corrects pour se faire comprendre «hors de la classe» dans des situations les plus diverses. Puisqu'il n'est pas possible de transférer le cours dans tous les domaines de la vie, il faut donc faire entrer ces domaines en classe et y simuler des situations authentiques. Or, un des éléments constitutifs d'une situation authentique est l'inconnu. Normalement, tout locuteur ne connaît pas ce que va lui demander ou répondre son interlocuteur. En d'autres termes, ce qui caractérise une situation linguistique authentique, c'est un manque d'information des interlocuteurs, déficit qu'il faut par conséquent combler.

C'est pour cette raison que DEUX À DEUX est composé de deux parties: la partie A de gauche pour l'apprenant A et la partie B de droite pour son partenaire, l'apprenant B. Les deux parties contiennent, en partant de la même situation, des informations différentes.

Les exercices deviennent la réplique de situations authentiques au fur et à mesure que le manque d'information sert de déclencheur d'apprentissage:

– Demander et donner des renseignements
  Les interlocuteurs A et B sont invités à échanger les informations indiquées sur leurs fiches pour parler de tierces personnes, connues ou inconnues d'eux, mais aussi pour parler d'eux-mêmes. De plus, au cours de nombreux exercices, les apprenants trouveront des informations sur des données de la civilisation française.

– Exprimer son opinion
  Les apprenants sont invités à donner leur avis sur certains sujets, exprimer leur sympathie ou antipathie, parler de leurs convictions, etc.

– Former un dialogue
  Les apprenants sont invités à élaborer un dialogue complexe.

– Jeu de rôles
  Les fiches pour cet exercice contiennent des informations différentes visant à provoquer volontairement des disputes qui doivent être réglées par la suite.

La pratique de ces exercices pendant une phase précise du cours assurera la communication langagière entre apprenants.

Ce manuel a donc été conçu pour être utilisé aussi bien par un professeur préférant un enseignement fonctionnel que par un enseignant dont le cours est plutôt basé sur l'enseignement des structures grammaticales. Le professeur se concentrera soit sur la répétition de tournures ou locutions nécessaires à certaines situations, soit au «rodage» de structures grammaticales.

DEUX À DEUX est d'un emploi facile ne nécessitant pour ainsi dire aucune préparation; il suffit de photocopier les fiches A et B. Les exercices ne suivent pas une progression très stricte, seuls les 15 derniers exercices sont d'un niveau plus avancé.

Aux apprenants, DEUX À DEUX offre le plaisir de converser et la possibilité de s'autocorriger.

Vue d'ensemble

	Actes de parole	Sujets	Grammaire, vocabulaire
1	Parler de qn		*être;* adjectifs
2	Habiter à ..., venir de ..., aller à ...		verbes au présent; pron. pers.; *à, de, en, chez*
3	Parler des activités quotidiennes		verbes au présent; indications du temps
4	Comparer des prix/ Faire des achats	à l'épicerie	Produits alimentaires; prix, chiffres
5	Avoir – ne pas avoir		*avoir* + complément; *en*
6	Demander à qn ce qu'il lui faut	objets de la vie quotidienne	*il ... faut, avoir besoin de*
7	Abréviations	lettres de nationalité, associations etc.	l'alphabet
8	Demander l'heure / dire l'heure	les moments de la journée	l'heure
9	Télé: l'heure et la durée des émissions	télévision	indications de l'heure; *vouloir*
10	Parler de sa famille	professions	adjectifs poss./ *son - sa, leur*
11	A qui est ...? / A qui sont ...?	objets courants	*être à qn, avoir besoin de*
12	Parler cadeaux: quel cadeau pour qui?	cadeaux	*lui - leur*
13	Dire comment on trouve qch		adjectifs
14	Exprimer sa sympathie et son antipathie		adjectifs
15	Moi, je sais en faire des choses!		*savoir - pouvoir;* adverbes
16	Prendre rendez-vous	temps libre	les jours de la semaine; *pouvoir, vouloir*
17	Faire des projets pour le week-end	temps libre	futur composé, futur simple
18	Situer des villes	carte de la France, la Belgique, la Suisse	les points cardinaux
19	Pourquoi? Comment?		subordonnées causales; gérondif

	Actes de parole	Sujets	Grammaire, vocabulaire
20	Parler du comportement des gens		subordonnées de temps *(quand)*
21	Demander son chemin / Indiquer le chemin	plan d'une ville	verbes au présent; impératif
22	Le mobilier de votre appartement		indications du lieu; mobilier
23	Parler des événements de la veille		passé composé; discours indirect
24	Parler de l'histoire	l'évolution de l'homme	imparfait – passé composé
25	Demander poliment des renseignements		question directe, question indirecte
26	Demander et donner des renseignements personnels	passeport etc.	
27	Demander des renseignements exacts sur une personne		questions *(où?, combien?, quel?)*
28	A l'hôtel		conversation libre
29	Identifier des personnes		subordonnée relative
30	Ce que vous feriez à sa place		proposition hypothétique
31	Chercher à connaître le niveau de culture générale de qn	quiz	question indirecte
32	Donner des consignes et les comprendre	exercices de yoga	gérondif; impératif (+ pronom)
33	Faire des propositions, accepter ou refuser des propositions	temps libre	
34	Parler inventions et découvertes	culture générale	la voix passive
35	Une villa a été cambriolée		la voix passive (passé composé)
36	Parler d'éducation	éducation	futur; conditionnel
37	Parler de son enfance	éducation	imparfait; conditionnel
38	Exprimer sa sympathie; proposer son aide		
39	Savoir lire les petites annonces et dépeindre une personne	recherche d'un partenaire pour temps libre	imparfait; conditionnel

	Actes de parole	Sujets	Grammaire, vocabulaire
40	Au garage		
41	Discuter et convaincre qn	ouvriers immigrés; cafés et bistros	
42	Surprises désagréables	blanchisserie; hôtel; en route	
43	Définir ses buts et ses intentions	un cambriolage	*pour* + infinitif; *pour que* + subjonctif
44	Exprimer certitude, possibilité, doute		*je crois que, il me semble que* + subjonctif
45	Se mettre à la place de qn		conditionnel II
46	Chercher une maison de vacances	à l'agence immobilière	
47	Se disputer avec qn		
48	Relever des contradictions	une interview déformée par un journal	propositions d'opposition avec *pourtant* et *alors que*
49	A l'agence de voyages	projets de voyages	
50	Raconter une histoire	bandes dessinées à reconstituer	verbes au passé
51	Relever des contradictions	un hold-up: différents témoignages	discours rapporté
52	Relever les dates importantes d'un texte	Jules Verne; La brasserie Lipp	passé simple; chiffres (années)
53	Dissiper des malentendus	au théâtre; dans le train	formules pour exprimer son mécontentement
54	Faire une réclamation	dans une école de langues; au restaurant; en vacances	
55	Savoir se défendre lors d'une situation inattendue	dans un foyer pour célibataires	
56	Retrouver l'ordre logique d'un texte	retrouver le texte de deux lettres à partir de fragments	
57	Décrire et identifier des personnes	vol dans la rue	les différentes parties de la tête; adjectifs pour décrire qn

Explications

Les exercices de ce manuel étant avant tout des exercices de transfert, les apprenants devront connaître le vocabulaire et le problème grammatical de chaque unité. Pour assurer un bon fonctionnement des exercices, il est important que le professeur donne des consignes aussi claires que possible, surtout quand le groupe est composé de faux débutants, et vérifie – si nécessaire dans la langue maternelle des apprenants – que tout le monde les a comprises. Il est conseillé d'expliquer d'abord les mots-clé et de préparer l'exercice en utilisant les moyens linguistiques dans les phrases d'exemple.

Pendant le déroulement des exercices le professeur devra veiller à ce que les étudiants ne regardent pas la fiche de leur partenaire. Il ira de groupe en groupe pour s'assurer que les apprenants utilisent correctement les moyens linguistiques et les structures grammaticales. Il ne devra intervenir qu'en cas de fautes graves, mais il pourra toutefois répondre à tout moment aux questions des élèves. L'enseignant notera aussi les erreurs entendus dans l'un ou l'autre groupe et les corrigera en fin d'exercice.

Un bon nombre d'exercices n'ont qu'une seule solution. Elle permettra aux apprenants de faire en classe le point sur leurs connaissances. On pourra également les laisser consulter le corrigé et corriger les exercices dès qu'ils les auront terminés.

Le professeur pourra continuer certains exercices d'après les consignes ci-dessous.

1 Laisser le temps aux étudiants de mettre les croix! En discutant des solutions de l'exercice en classe, vous pouvez mettre certains élèves dans une situation embarrassante. Ne le faire que si l'ambiance est bonne et qu'il règne dans la classe un esprit de camaraderie. Le professeur devra décider s'il veut participer au jeu ou pas.

   Travail supplémentaire:
   Répéter l'exercice en classe, décrire une personne à partir du schéma proposé.

2 Avant de faire l'exercice, introduire les noms de villes et de pays pour éviter les fautes d'orthographe.
   Travail supplémentaire:
   voir unité 1

3 Travail supplémentaire:
   voir unité 1

4 Le vendeur et le client devront prendre des notes. Si les deux partenaires trouvent un total différent, leur faire refaire l'addition sans qu'ils se montrent leurs fiches.

   Travail supplémentaire:
   Faire jouer des scènes «Dans un magasin»
   Faire faire une liste de courses

5 Veiller à ce que les étudiants emploient le pronom *en*.

   Travail supplémentaire:
   B remplit la colonne «vous» en mettant des croix (+) ou des traits (−)
   A pose alors des questions se référant aux différentes rubriques de la fiche, par ex.
   – On commence? On fait cet exercice?
   – Tu peux /Vous pouvez m'accompagner en ville demain?
   – Je crois que j'ai vu ton frère hier soir.
   – Je peux te/vous rappeler demain soir?
   – On pourrait sortir ensemble un de ces soirs.
   – Tu veux / Vous voulez boire quelque chose?
   etc.

6　Discuter des solutions en classe.

　　Travail supplémentaire:
　　Parler de ce dont les étudiants ont besoin. Ce travail demandera l'introduction de mots nouveaux, les besoins étant différents selon les pays.

7　Si l'étudiant ne sait pas écrire un mot, son partenaire pourra le lui épeler.

　　Travail supplémentaire:
　　Nommer d'autres sigles ou abréviations avec leurs significations dans la langue maternelle des étudiants.

8　Problème grammatical: la formation du verbe pronominal

　　Travail supplémentaire:
　　Faire raconter ou écrire ce que chacun fait durant toute une journée

9　Avant de faire l'exercice, le professeur distribuera des programmes actuels de télévision aux étudiants et les fera parler des émissions, p.ex.: «A quelle heure peut-on regarder les nouvelles? Quelles émissions ont pour but de divertir les téléspectateurs?»

　　Travail supplémentaire:
　　Discuter des programmes de télévision du pays d'origine des étudiants. Faire jouer le rôle d'un(e) speaker(ine) qui annonce le programme de la soirée; employer *puis, ensuite, après, finalement ...*

10　Indication destinée aux professeurs germanophones et anglophones: veiller à ce que les étudiants emploient avant tout la troisième personne de l'adjectif possessif, qu'ils disent plutôt «Quelle est sa profession?» que «Qu'est-ce qu'il fait?» ou «Quel est son âge?» au lieu de dire «Quel âge a-t-il?», même si cette dernière tournure est plus répandue.
　　Les solutions pouvant mettre les étudiants dans une situation embarrassante, voir unité 1.

11　Travail supplémentaire:
　　Les étudiants mettent discrètement des objets dans un sac ou un carton. Activité: «Qu'est-ce qui est à qui?» (Introduire le vocabulaire pas connu).

12　Avant de faire l'exercice, les étudiants pourront discuter de la coutume de faire des cadeaux. L'exercice portera sur les quatre premières personnes. Si les étudiants montrent encore de l'intérêt, continuer avec les autres personnes.

　　Travail supplémentaire:
　　Jeu de rôles: Quel cadeau choisir pour ...?

13　Travail supplémentaire:
　　Continuer en faisant dire aux étudiants ce qui leur plaît ou déplaît.

14　Questions pouvant mettre les étudiants dans une situation embarrassante: voir unité 1
　　N'importe qui peut remplir la case vide; discutez-en en classe.

　　Travail supplémentaire:
　　Parler des personnages en vue de la politique, du cinéma, du sport, etc.

15　Avant de faire l'exercice, revoir la différence entre *savoir* et *pouvoir*.
　　L'étudiant commence par demander à son partenaire si Philippe ou Mélanie savent faire telle ou telle chose. Si la réponse est plutôt positive, il lui demandera si Ph. ou M. pourrait faire qc. pour lui ou pourrait l'aider. Exemple: «Est-ce que M. parle espagnol? – Oui, ça va. – Alors, tu penses qu'elle pourrait me servir d'interprète? – Non, je ne crois pas, elle est timide.»

Si la réponse est plutôt négative, il lui demandera s'ils ne veulent pas essayer de ..., ou proposera qu'ils apprennent à ...

Travail supplémentaire:
Demander aux étudiants ce que eux savent faire.

16 Il n'y a qu'une seule possibilité!

Travail supplémentaire:
Jeu de rôles: trouver une date pour aller tous ensemble au cinéma.

17 Travail supplémentaire:
Professeur ou apprenants pourraient raconter ou écrire ce qu'ils vont faire pendant le week-end prochain, les vacances, etc.

18 Travail supplémentaire:
Parler de la structure administrative des différents pays.

19 Travail supplémentaire:
Refaire l'exercice en classe. Le professeur demande: «Pourquoi est-ce que Monsieur Lesage veut apprendre l'anglais? – Parce qu'il a une amie américaine. – Comment a-t-il connu cette jeune fille?» (Inventer une réponse et continuer...)

20 Travail supplémentaire:
Même exercice, mais au conditionnel:
Que ferait Mme Tournesol si elle avait le temps?

21 Travail supplémentaire:
Les apprenants expliquent comment ils viennent au cours / à l'école.

22 Si les étudiants ne savent pas dessiner, leur faire inscrire le nom des objets dans le dessin.

Travail supplémentaire:
Faire décrire par les étudiants (oralement ou par écrit) leur propre appartement.

23 Dire aux étudiants qu'ils ont le droit de refuser de répondre ou de ne pas dire la vérité. Avant de raconter ce que le partenaire a fait, lui demander la permission de le faire.

Travail supplémentaire:
«Racontez ce que vous avez fait la semaine dernière.»

25 Cet exercice a pour objet les différentes formes d'interrogation: Faire transformer les questions; les réponses seront les mêmes dans la plupart des cas. Les étudiants devront connaître le passé composé et le futur.

Travail supplémentaire:
Faire rejouer les scènes, mais cette fois sans fiches – juste en indiquant la situation. Cela prépare au libre jeu de rôles.

26 Faire attention à la formation correcte des questions: *lieu de naissance*
«Où est-ce que vous êtes né(e) /tu es né(e)?»,
«Tu es né(e) où?», etc.

Travail supplémentaire:
Jeu de rôles: A la douane. / A la mairie.
Faire demander d'autres renseignements personnels

27 Travail supplémentaire:
Faire écrire une courte biographie.

28 Ne soyez pas trop exigeant.
Ne pas forcer ceux qui refusent de jouer le rôle.
Si le groupe n'est pas trop grand, on pourra faire jouer les scènes (un couple joue la première scène. un autre la deuxième, etc.). Ceux qui ne jouent pas sont invités à raconter ce qu'ils ont vu. Ainsi on s'assure que tous suivent attentivement.

29 Travail supplémentaire:
Répéter l'exercice en classe en posant des questions telles que: «Pourquoi (est-ce que) Mme Lemirage ne va jamais au cinéma sans ses lunettes de soleil?» On pourra également demander et donner des renseignements sur des personnes que tout le monde connaît.

30 Travail supplémentaire:
Demander aux étudiants de dire la raison: «Je ne le ferais pas parce que ...» Quelques étudiants pourront aussi trouver d'autres situations et demander aux autres si dans ce cas ils auraient agi de la même manière. (conditionnel II)

31 Voir Solutions.

Travail supplémentaire:
Former deux groupes. L'un des deux élabore dix questions dont il connaît les réponses et les pose à l'autre groupe. Le groupe qui a atteint le maximum de points a gagné.

32 Voir Solutions.
Introduire avant l'exercice les verbes *courber, tendre, saisir* ... et les parties du corps.

Travail supplémentaire:
Un groupe invente un simple exercice de gymnastique qu'il fait faire à l'autre groupe.

34 Travail supplémentaire:
Parler d'autres inventions et découvertes

35 Travail supplémentaire:
Reconstituer l'histoire et essayer de deviner ce qu'il y avait dans la serviette.

37 Faire preuve de beaucoup de tact en faisant cet exercice. Ne le faire que si la structure sociale du groupe le permet.

Travail supplémentaire:
Moins délicat (et, en même temps, un bon exercice du conditionnel)
Travail écrit: «Comment j'éduquerai mes enfants» (voir aussi 36).

38 Veiller à ce que le partenaire qui a un problème réalise les actes de parole indiqués à droite. C'est l'autre partenaire qui commence la communication.

Travail supplémentaire:
Jeux de rôles – situations semblables

39 Voir Solutions

Travail supplémentaire:
Répondre par une lettre.

40 Voir unité 28

42 Voir unité 28

43 Travail supplémentaire:
   Faire raconter toute l'histoire

   Chaque partenaire devra demander l'accord de l'autre avant de raconter les réponses de celui-ci.

46 Les clients ne trouvant pas ce qu'ils cherchent devront renoncer à certaines choses.

   Travail supplémentaire:
   Répondre à une annonce ou formuler une annonce

47 Voir unité 28
   Donner quelques exemples avec ces tournures

48 Travail supplémentaire:
   Faire interviewer des personnes (à l'école ou au dehors) et faire écrire un article de journal à partir des notes prises

49 Voir unité 28

50 Travail supplémentaire:
   Faire raconter un conte de fée connu, une petite histoire, etc.

51 Travail supplémentaire:
   Discuter en classe des contradictions trouvées

52 Voir Solutions; cet exercice est assez difficile – laisser suffisamment de temps aux étudiants pour le faire. En ce qui concerne le texte sur la brasserie Lipp, dire aux étudiants qu'ils ne pourront trouver certaines dates qu'en les calculant.

53 Voir unité 28 et 47

54 Voir unité 28 et 47

55 Voir unité 28

56 Voir Solutions.

   Travail supplémentaire:
   Faire lire les lettres devant la classe

57 Introduire les mots nouveaux

   Travail supplémentaire:
   Les étudiants décriront (oralement ou par écrit) une autre personne (frère, père, sœur, etc.)

   Voir Solutions.

1A

Parler de quelqu'un

Je suis:	Mon/ma partenaire est:	Le professeur est:
fatigué(e)		
marié(e)		
triste		
toujours seul(e)		
heureux, heureuse		
morose		
à sec		
rond(e)		
malade		
nerveux, nerveuse		
rassasié(e)		
chez moi/toi/lui/elle ce soir		
toujours à l'heure		

Marquez d'abord d'une croix les mots qui se rapportent à vous. Ensuite, interrogez votre partenaire et notez ses réponses. Notez également tout ce que vous savez de votre professeur.

Exemples:

A: Tu es fatigué(e)? / Vous êtes fatigué(e)?
B: Non, et toi? / Non, et vous?
A: Moi non plus./ Oui, moi, je suis fatigué(e).

ou:

A: (Est-ce que) le prof(esseur) est fatigué(e)?
B: Ah oui!/Non./ Je ne sais pas.

ou:

A: Tu es fatigué?
B: Oui, et toi?
A: Moi aussi./ Non, pas tellement./Non, je ne suis pas fatigué(e).

A la fin, vous raconterez à la classe ce que vous avez appris sur votre partenaire et votre professeur.

14

Parler de quelqu'un

Je suis:	Mon/ma partenaire est:	Le professeur est:
fatigué(e)		
marié(e)		
triste		
toujours seul(e)		
heureux, heureuse		
morose		
à sec		
rond(e)		
malade		
nerveux, nerveuse		
rassasié(e)		
chez moi/toi/lui/elle ce soir		
toujours à l'heure		

Marquez d'abord d'une croix les mots qui se rapportent à vous. Ensuite, interrogez votre partenaire et notez ses réponses. Notez également tout ce que vous savez de votre professeur.

Exemples:

A: Tu es fatigué(e)? / Vous êtes fatigué(e)?
B: Non, et toi? / Non, et vous?
A: Moi non plus./ Oui, moi, je suis fatigué(e).

ou:

A: Tu es fatigué?
B: Oui, et toi?
A: Moi aussi./ Non, pas tellement./Non, je ne suis pas fatigué(e).

ou:

A: (Est-ce que) le prof(esseur) est fatigué(e)?
B: Ah oui!/Non./ Je ne sais pas.

A la fin, vous raconterez à la classe ce que vous avez appris sur votre partenaire et votre professeur.

15

Habiter à ..., venir de ..., aller à ...

Moyens linguistiques:	Où habite Mme Le Goff? - Elle habite à ...
	D' où vient Marcel? – Il vient de ...
	Où travaille Sylvie? – Elle travaille chez ...
	Sylvie travaille où?
	Où est-ce que vous allez demain? –
	Où est-ce que tu vas demain? – Je vais à/en/au ...
	Vous allez/tu vas où demain? –

Posez la question / Répondez

	Où?	D'où?	Où?	Où?
	habite à	vient de	travaille	va à/en
Mme Le Goff			chez Télcom	Lyon
Monsieur Dulac		Provence	chez Renault	
Marcel	Nantes			Autriche
Sylvie	Ajaccio	Corse		
Vous				
Votre partenaire				

Habiter à ..., venir de ..., aller à ...

Moyens linguistiques: Où habite Mme Le Goff? - Elle habite à ...
D' où vient Marcel? - Il vient de ...
Où travaille Sylvie? - Elle travaille chez ...
Sylvie travaille où?
Où est-ce que vous allez demain?   -
Où est-ce que tu vas demain?   - Je vais à/en/au ...
Vous allez/tu vas où demain?   -

Posez la question / Répondez

	Où?	D'où?	Où?	Où?
	habite à	vient de	travaille	va à/en
Mme Le Goff	Reims	Champagne		
Monsieur Dulac	Orléans			Marseille
Marcel		Normandie	aux Galeries Lafayette	
Sylvie			au Centre Pompidou	Lorient
Vous				
Votre partenaire				

17

Parler des activités quotidiennes

Qu'est-ce qu'ils font?
Qu'est-ce qu'ils vont faire?

	maintenant	ce soir	demain	ce week-end	pendant les vacances
Muriel		va faire ses devoirs			apprend à faire de la voile
Patrick	travaille		va écouter de la musique		fait un stage de tennis
Bernard et Stéphanie	flirtent		vont aller au cinéma		
Moi					
Mon/ma partenaire					

1. *Exemples:* Que fait Patrick en ce moment? – Il ...
   Qu'est-ce que Bernard et Stéphanie font maintenant? – Ils ...

2. *Notez ce que vous faites d'habitude. Ensuite, posez des questions à votre partenaire.*

   Exemple: Qu'est-ce que tu fais/vous faites ce soir? – Moi, je ...
   Qu'est-ce que tu fais le dimanche? – Je ...

Parler des activités quotidiennes

Qu'est-ce qu'ils font?
Qu'est-ce qu'ils vont faire?

	maintenant	ce soir	demain	le week-end	pendant les vacances
Muriel	apprend le français		va tricoter	écrit des lettres	
Patrick		va prendre un pot		fait la cuisine	
Bernard et Stéphanie		vont regarder la télé		lisent	vont aller à la plage
Moi					
Mon/ma partenaire					

1. Exemples: Que fait Patrick en ce moment? – Il ...

Qu'est-ce que Bernard et Stéphanie font maintenant? – Ils ...

---

2. Notez ce que vous faites d'habitude. Ensuite, posez des questions à votre partenaire.

Exemple: Qu'est-ce que tu fais/vous faites ce soir? – Moi, je ...

Qu'est-ce que tu fais le dimanche? – Je ...

Comparer les prix. Faire des achats

1. *Vous avez été dans un grand magasin et vous avez noté les prix de quelques articles. Maintenant, vous allez dans un petit magasin pour comparer les prix. Demandez au vendeur/à la vendeuse (votre partenaire) les prix et notez-les.*

	grand magasin	petit magasin
1 litre de lait	2.97	2.90
1 tablette de chocolat	3.40	
500 g de jambon cru	31.10	
1 baguette	1.85	
1 bouteille de vin rouge	6.85	
1 camembert (250 g)	7.50	
1 paquet de galettes	3.40	
1 pot de yaourt	2.10	
1 kg de pommes	5.50	
1 pot de confiture de fraises	3.05	

2. *Maintenant, vous comparez les prix et vous n'achetez dans le petit magasin que les articles moins chers. Notez ce que vous avez acheté ainsi que les quantités et les prix.*

	article	quantité	prix
Exemple:	lait	2 litres	5.94
		total:	

Maintenant, faites l'addition. Le total est correct? Sinon, où est la faute?

Moyens linguistiques:

1. A combien sont les ...
   Le/la ...   coûte combien?
            fait combien?
   Combien ça coûte? (fam)
   C'est combien, le/la/les ...?

2. Je voudrais ...
   Il me faut ...
   Donnez-moi ... , s. v. p.

Comparer les prix. Faire des achats

1. Vous êtes vendeur/vendeuse dans un petit magasin. Un client/une cliente arrive et vous demande les prix de quelques articles. En voici la liste:

1 litre de lait	2.90
1 kg de pommes	5.30
1 paquet de galettes	3.85
1 camembert (250 g)	7.10
1 pot de yaourt	2.30
1 tablette de chocolat	3.75
500 g de jambon cru	33.00
1 baguette	1.85
1 pot de confiture de fraises	3.15
1 bouteille de vin rouge	7.20

2. Maintenant, le client va acheter quelques articles. Notez ce qu'il achète, les quantités et les prix.

	article	quantité	prix
Exemple:	lait	1 litre	
		total:	

Moyens linguistiques:	Et avec ça?
	Ce sera tout?
	Ça fait ... attendez ...
	Voilà, ...

5A

Avoir / ne pas avoir

	Youssouf	Carmen	vous	votre parte-naire
envie de faire cet exercice	—			
cours demain	+			
des frères et soeurs		—		
le téléphone	+			
beaucoup de temps		—		
soif	+			
des problèmes		+		
de l'argent	+			
faim maintenant	—			
une voiture		—		
congé le samedi		+		
des enfants	—			

+ = oui   – = non

Demandez à votre partenaire:

Exemple: A: (Est-ce que) Youssouf a du travail?
B: Oui, il en a. /Non, il n'en a pas.

Ensuite vous dites: Youssouf a du travail, mais Carmen n'en a pas.
ou: Youssouf n'a pas de travail, et Carmen non plus.
ou: Youssouf n'a pas de travail, mais Carmen en a.
ou: Youssouf a du travail, et Carmen (en a) aussi.

Y. a faim, mais pas Carmen.
ou: Y. n'a pas faim, et C. non plus.
ou: Y. a faim, et Carmen aussi.
etc.

22

Avoir / ne pas avoir

	Youssouf	Carmen	vous	votre parte-naire
envie de faire cet exercice		+		
cours demain		+		
des frères et soeurs	+			
le téléphone		—		
beaucoup de temps	—			
soif		—		
des problèmes	+			
de l'argent		—		
faim maintenant		+		
une voiture	—			
congé le samedi	—			
des enfants		+		

+ = oui   – = non

Demandez à votre partenaire:

Exemple: A: (Est-ce que) Youssouf a du travail?
              B: Oui, il en a. /Non, il n'en a pas.

Ensuite vous dites: Youssouf a du travail, mais Carmen n'en a pas.
    ou: Youssouf n'a pas de travail, et Carmen non plus.
    ou: Youssouf n'a pas de travail, mais Carmen en a.
    ou: Youssouf a du travail, et Carmen (en a) aussi.

        Y. a faim, mais pas Carmen.
    ou: Y. n'a pas faim, et C. non plus.
    ou: Y. a faim, et Carmen aussi.
        etc.

Demander à quelqu'un ce qu'il lui faut

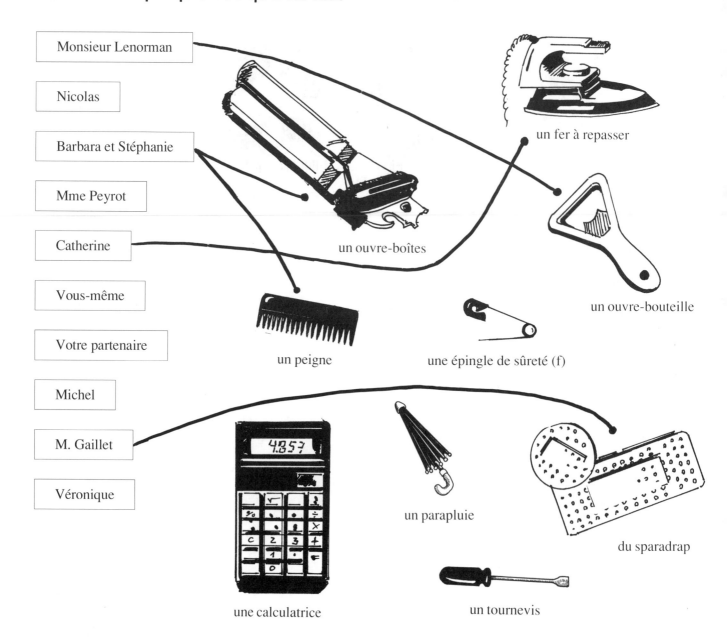

Monsieur Lenorman

Nicolas

Barbara et Stéphanie

Mme Peyrot

Catherine

Vous-même

Votre partenaire

Michel

M. Gaillet

Véronique

un fer à repasser

un ouvre-boîtes

un ouvre-bouteille

un peigne

une épingle de sûreté (f)

une calculatrice

un parapluie

du sparadrap

un tournevis

Demandez à votre partenaire ce qu'il lui faut et ce qui manque à M. Lenorman, Barbara et Stéphanie, Catherine, M. Gaillet.

Moyens linguistiques:

A: Qu'est-ce qu'il lui faut ?/Vous savez ce qui manque à ...?
B: Il lui faut un .../une .../des .../Il leur faut ...

A: Qu'est-ce qu'il vous faut?
B: Il me faut un(e)/des ...
   J'ai vraiment besoin de/d'un(e) ...

Marquez les réponses sur votre fiche.

Demander à quelqu'un ce qu'il lui faut

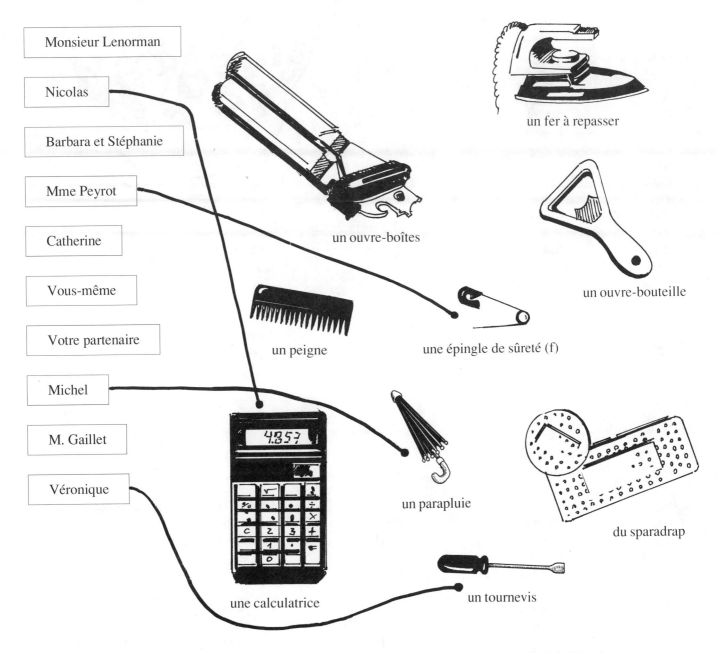

Monsieur Lenorman

Nicolas

Barbara et Stéphanie

Mme Peyrot

Catherine

Vous-même

Votre partenaire

Michel

M. Gaillet

Véronique

un fer à repasser

un ouvre-bouteille

un ouvre-boîtes

une épingle de sûreté (f)

un peigne

un parapluie

du sparadrap

une calculatrice

un tournevis

Demandez à votre partenaire ce qu'il lui faut et ce qui manque à Nicolas, Mme Peyrot, Michel, Véronique.

Moyens linguistiques:

A: Qu'est-ce qu'il lui faut ?/Vous savez ce qui manque à ...?
B: Il lui faut un .../une .../des .../Il leur faut ...

A: Qu'est-ce qu'il vous faut?
B: Il me faut un(e)/des ...
   J'ai vraiment besoin de/d'un(e) ...

Marquez les réponses sur votre fiche.

Abréviations

Que signifient toutes ces abréviations?

1. Lettres de nationalité

A	-	
CH	-	Suisse
E	-	Espagne
P	-	
RH	-	Haïti
CDN	-	
TR	-	
MC	-	Monaco
YU	-	
IRQ	-	Irak
GB	-	
MEX	-	Mexique
J	-	
B	-	Belgique
CI	-	
SF	-	
I	-	Italie

2. Dans un texte, une lettre ...

p.ex.	-	par exemple
c.à.d.	-	c'est-à-dire
s.v.p.	-	
a/s	-	
ch.	-	cherche
r.s.v.p.	-	répondez, s'il vous plaît
p.	-	

3. D'autres abréviations

bd	-	boulevard
av.	-	
rte	-	
arr.	-	arrondissement
dépt	-	département
P et T/P.T.T.	-	postes et télé-communications
S.N.C.F.	-	
T.V.A.	-	taxe à (sur) la valeur ajoutée
T.G.V.	-	
tt conft	-	tout confort
Z.U.P.	-	zone à urbaniser en priorité
M.	-	
Mme	-	
Mlle	-	Mademoiselle
M^e	-	

4. Associations etc.

A.F.P.		
R.F.		
CERN	-	Conseil européen pour la recherche nucléaire
HLM	-	Habitation à loyer modéré
C.E.S.	-	
L.E.P.	-	Lycée d'enseignement professionnel
C.G.T.	-	
P.S.	-	Parti socialiste
R.A.T.P.	-	
P.d.g.	-	Président directeur général
S.M.I.C.	-	
O.R.T.F.	-	Office de radiodiffusion et de télé-vision française
E.N.A.	-	Ecole nationale d'administration
S.A.	-	
C.E.	-	
A.C.F.	-	Automobile Club de France

Moyens linguistiques: Que veut dire ... ? - ......, qu'est-ce que ça signifie?
Ça veut dire ... /Ça signifie..., /Vous savez ce que c'est?

Abréviations

Que signifient toutes ces abréviations?

1. Lettres de nationalité

A	-	Autriche
CH	-	
E	-	
P	-	Portugal
RH	-	
CDN	-	Canada
TR	-	Turquie
MC	-	
YU	-	Yougoslavie
IRQ	-	
GB	-	Grande Bretagne
MEX	-	
J	-	Japon
B	-	
CI	-	Côte d'Ivoire
SF	-	Finlande
I	-	

2. Dans un texte, une lettre ...

p.ex.	-	
c.à.d.	-	
s.v.p.	-	s'il vous plaît
a/s	-	aux soins (de)
ch.	-	
r.s.v.p.	-	
p.	-	page

3. D'autres abréviations

bd	-	
av.	-	avenue
rte	-	route
arr.	-	
dépt	-	
P et T/P.T.T.	-	
S.N.C.F.	-	Société nationale des chemins de fer français
T.V.A.	-	
T.G.V.	-	train à grande vitesse
tt conft	-	
Z.U.P.	-	
M.	-	Monsieur
Mme	-	Madame
Mlle	-	
M^e	-	Maître

4. Associations etc.

A.F.P.	-	Agence France-Presse
R.F.	-	République Française
CERN	-	
HLM	-	
C.E.S.	-	Collège d'enseignement secondaire
L.E.P.	-	
CGT	-	Confédération générale du travail
P.S.	-	
R.A.T.P.	-	Régie autonome des transports parisiens
P.d.g.	-	
S.M.I.C.	-	salaire minimum interprofessionnel de croissance
O.R.T.F.	-	
E.N.A.	-	
S.A.	-	société anonyme
C.E.	-	Communauté Européenne
A.C.F.	-	

Moyens linguistiques:	Que veut dire ... ? - ......, qu'est-ce que ça signifie?	
	Ça veut dire ... /Ça signifie..., /Vous savez ce que c'est?	

Demander l'heure / dire l'heure

Il faut se lever!
Il est grand temps!

	M. Pache	Yvonne	Vous-même	Votre partenaire
se lever	6 h 15			
prendre le petit déjeuner		7 h 05		
quitter la maison	7 h 10			
commencer à travailler/ avoir cours	8 h			
déjeuner		12 h 30		
finir de travailler/ rentrer de l'école		17 h 20		
dîner		19 h 45		
se coucher	22 h 30			

Questionnez votre partenaire et remplissez le tableau.

Exemple:

      B: A quelle heure est-ce que M. Pache se lève?/
         M. Pache se lève à quelle heure?
      A: A six heures et quart.

Demander l'heure / dire l'heure

Il faut se lever!
Il faut est grand temps!

	M. Pache	Yvonne	Vous-même	Votre partenaire
se lever		6 h 25		
prendre le petit déjeuner	7 h			
quitter la maison		7 h 40		
commencer à travailler/ avoir cours		8 h		
déjeuner	13 h			
finir de travailler/ rentrer de l'école	18 h			
dîner	20 h			
se coucher		21 h 45		

Questionnez votre partenaire et remplissez le tableau.

Exemple:

       A: A quelle heure est-ce qu' Yvonne se lève?/
          Yvonne se lève à quelle heure?
       B: A six heures vingt-cinq.

Télé: parler de l'heure et de la durée des émissions

TF1

6.34 **Météo**
6.36 **Docteur Who** Série.
7.00 **Bonjour, la France !**
Bonjour, l'Europe !
7.43 **Météo**
7.45 **Bonjour, monsieur le maire**
7.55 **Jardinez avec Nicolas**
8.10 **Club Dorothée dimanche**
E Mon petit poney • Spécial Disney dimanche • Les Gummies. • Un nouveau départ • • Winnie l'ourson • 8.55 Pôle position • 9.25 « Mes tendres années » • 9.55 Pas de pitié pour les croissants.
10.25 **Les animaux du monde**
10.55 **Auto-moto** Magazine sportif. Grand prix de Formule 1 à Monaco.
11.23 **Météo**
11.25 **Téléfoot**
Résumé du match éliminatoire de coupe du monde • Présentation des matchs de la coupe de France, quarts de finale aller • Présentation de la finale de la coupe des coupes.
12.30 **Le juste prix** Finale.
12.55 **Météo**
13.00 **Journal**
13.15 **Cartes de stars**
13.20 **Tonnerre de feu** Série américaine.
« L'île ». Avec James Farentino.
14.10 **Mondo Dingo** Avec Stéphane Collaro.
14.25 **Rick Hunter, inspecteur choc**
Inédit. Série américaine. « Point critique ». Avec Fred Dryer, Stephanie Kramer.
15.20 **F1 : GRAND PRIX**
DE MONACO
Voir ci-contre.
16.10 **Tiercé à Longchamp** En direct.
16.15 **F1 : Grand prix de Monaco** Suite.
17.45 **Disney parade**
E Tel père, tel fils • Le journal télévisé de Pilou et Julia • Jeu.
18.05 **Y a-t-il encore un coco**
dans le show ?
Proposé par Stéphane Collaro. Invité : Pierre Perret.
18.30 **Vivement lundi !** Série française.
19.00 **SEPT SUR SEPT :**
JOSIANE BALASKO
Magazine. Voir ci-contre.
19.50 **Loto sportif**
20.00 **Journal, météo**
20.35 **Tirage du Tapis vert**
20.40 **IL ETAIT UNE FOIS UN FLIC**
Q Film de Georges Lautner.
Voir ci-contre.
22.15 **Sport dimanche soir**
Rallye de l'Atlas • Grand prix de F1 à Monaco.
23.05 **Journal, météo**

Mireille (23 ans, étudiante)

Monsieur Rouzier (67 ans, ancien fonctionnaire)

Stéphane (15 ans, apprenti mécanicien)

Madame Rouzier (62 ans, femme au foyer)

Vous-même

Votre partenaire

1. *Demandez à votre partenaire à quelle heure commencent sur A 2 des émissions que vous ne trouvez pas dans votre programme.*

Moyens linguistiques:
A quelle heure commence ...
A quelle heure est-ce qu'on passe le film?

2. *Qu'est-ce que Mme Rouzier et Stéphane voudraient regarder? Interrogez votre partenaire.*

Moyens linguistiques:
A: Qu'est-ce que S. veut regarder?
B: A ... heure(s), sur TF 1, ..., ensuite, à ...., sur Antenne 2, ...

3. *Et vous? Qu'est-ce que vous aimeriez regarder? Indiquez ces émissions par une flèche, posez la question à votre partenaire et notez sa réponse.*

A2

8.30 **Câlin matin**
E Les aventures du chat Léopold • Bogus • Quick et Flupke • Alex.
9.00 **Emissions religieuses**
Connaître l'islam • Emissions israélites • 10.00 Présence protestante • 10.30 Le jour du Seigneur • 11.00 Messe célébrée depuis le centre omnisports de Vichy à l'occasion du congrès de « Chrétiens dans le monde rural ». Prédication de monseigneur Barbier.
12.00 **Dimanche Martin**
12.05 **Comme sur un plateau**
Présenté par Jacques et David Martin et Claude Sarraute. Classique : « La danse en Révolution » avec le ballet Lausanne de Maurice Béjart, au Grand Palais ; « Les trompettes de Versailles » à Saint-Julien-du-Pauvre et à la Sainte-Chapelle • Théâtre : « Les caprices de Marianne » de Musset au théâtre Montparnasse • Cinéma : « la vie en plus » de John Hughes • Music-hall : « Noise works » à l'Elysée-Montmartre ; Linda Williams en tournée en province ; Diana Ross au palais des Sports.
13.00 **Journal, météo**
13.20 **Le monde est à vous**
Ouverture : « Fantessy », un groupe de majorettes hollandaises • Invité vedette : Carlos • Variétés : Herbert Léonard, Chanael, Pierre Perret, Nick Kamen, Sumi Jo • Classique : l'Orchestre symphonique de la Garde républicaine.
14.55 **MacGyver** Série américaine.
16.50 **L'école des fans**
Invitée : Mireille Mathieu.
16.35 **Disparitions**
Q Déjà diffusé. « Double journal ». Comme tous les soirs, Jenny se produit sur la scène du « Lapin bleu », un cabaret parisien. Mais ce soir-là, un client suisse vient troubler le numéro. Avec Catherine Leprince, Luc Merenda.
17.35 **La caméra cachée**
18.30 **Stade 2** Avec Gérard Holtz.
Cyclisme : le Tour d'Espagne ; les Quatre jours de Dunkerque • Aviron. régional-national à Auch • Football. Championnat de France • Formule 1. Grand prix de Monaco • Gymnastique. Championnat d'Europe • Résultats et images de la semaine avec Christian Quidet.
19.30 **MAGUY**
Q Série française réalisée par Jean Pignol. Scénario et dialogues de Jean-Noël Fenwick. Voir ci-contre.
20.00 **Journal, météo**
20.35 **LA 3e NUIT DES MOLIERES**
Emission conçue et organisée par Georges Cravenne. Voir ci-contre.
23.20 **Journal, météo**
23.40 **Apos** Avec Bernard Pivot.
23.54 **Soixante secondes**
Invité : Gary Kasparov.
23.55 **Gymnastique :**
championnat d'Europe
Depuis Stockholm. Commentaires de Pierre Fulla.

4. *Remplissez le tableau: combien de temps est-ce que chaque personne regarde la télé par soirée?*

nom	minutes
Mireille	
Monsieur Rouzier	
Stéphane	
Madame Rouzier	
Vous	
Votre partenaire	

Télé: parler de l'heure et de la durée des émissions

TF1

6.34 **Météo**
6.36 **Docteur Who** Série.
7.00 **Bonjour, la France !**
   Bonjour, l'Europe !
7.43 **Météo**
7.45 **Bonjour, monsieur le maire**
7.55 **Jardinez avec Nicolas**
8.10 **Club Dorothée dimanche**
   E Mon petit poney • Spécial Disney dimanche • Les Gummies. • Un nouveau départ • Winnie l'ourson • 8.55 Pôle position • 9.25 « Mes tendres années » • 9.55 Pas de pitié pour les croissants.
10.25 **Les animaux du monde**
10.55 **Auto-moto** Magazine sportif. Grand prix de Formule 1 à Monaco.
11.23 **Météo**
11.25 **Téléfoot**
   Résumé du match éliminatoire de coupe du monde • Présentation des matchs de la coupe de France, quarts de finale aller • Présentation de la finale de la coupe des coupes.
12.30 **Le juste prix** Finale.
12.55 **Météo**
13.00 **Journal**
13.15 **Cartes de stars**
13.20 **Tonnerre de feu** Série américaine.
   « L'île ». Avec James Farentino.
14.10 **Mondo Dingo** Avec Stéphane Collaro.
14.25 **Rick Hunter, inspecteur choc**
   Inédit. Série américaine. « Point critique ». Avec Fred Dryer, Stephanie Kramer.
15.20 **F1 : GRAND PRIX DE MONACO**
   Voir ci-contre.
16.10 **Tiercé à Longchamp** En direct.
16.15 **F1 : Grand prix de Monaco** Suite.
17.45 **Disney parade**
   E Tel père, tel fils • Le journal télévisé de Pilou et Julia • Jeu.
18.05 **Y a-t-il encore un coco dans le show ?**
   Proposé par Stéphane Collaro. Invité : Pierre Perret.
18.30 **Vivement lundi !** Série française.
19.00 **SEPT SUR SEPT : JOSIANE BALASKO**
   Magazine. Voir ci-contre.
19.50 **Loto sportif**
20.00 **Journal, météo**
20.35 **Tirage du Tapis vert**
20.40 **IL ETAIT UNE FOIS UN FLIC**
   Q Film de Georges Lautner. Voir ci-contre.
22.15 **Sport dimanche soir**
   Rallye de l'Atlas • Grand prix de F1 à Monaco.
23.05 **Journal, météo**

Mireille (23 ans, étudiante)

Monsieur Rouzier (67 ans, ancien fonctionnaire)

Stéphane (15 ans, apprenti mécanicien)

Madame Rouzier (62 ans, femme au foyer)

Vous-même   Votre partenaire

1. *Demandez à votre partenaire à quelle heure commencent sur A 2 des émissions que vous ne trouvez pas dans votre programme.*

Moyens linguistiques:
A quelle heure commence ...
A quelle heure est-ce qu'on passe le film?

2. *Qu'est-ce que M. Rouzier et Mireille voudraient regarder? Interrogez votre partenaire.*

Moyens linguistiques:
A: Qu'est-ce que S. veut regarder?
B: A ... heure(s), sur TF 1, ..., ensuite, à ...., sur Antenne 2, ...

3. *Et vous? Qu'est-ce que vous aimeriez regarder? Indiquez ces émissions par une flèche, posez la question à votre partenaire et notez sa réponse.*

A2

8.30 **Câlin matin**
   E Les aventures du chat Léopold • Bogus • Quick et Flupke • Alex.
9.00 **Emissions religieuses**
   Connaître l'islam • Emissions israélites • 10.00 Présence protestante • 10.30 Le jour du Seigneur • 11.00 Messe célébrée depuis le centre omnisports de Vichy à l'occasion du congrès de « Chrétiens dans le monde rural ». Prédication de monseigneur Barbier.
12.00 **Dimanche Martin**
12.05 **Comme sur un plateau**
   Présenté par Jacques et David Martin et Claude Sarraute. Classique : « La danse en Révolution » avec le ballet Lausanne de Maurice Béjart, au Grand Palais ; « Les trompettes de Versailles » à Saint-Julien-du-Pauvre et à la Sainte-Chapelle • Théâtre : « Les caprices de Marianne » de Musset au théâtre Montparnasse • Cinéma : « la vie en plus » de John Hughes • Music-hall : « Noise works » à l'Elysée-Montmartre ; Linda Williams en tournée en province ; Diana Ross au palais des Sports.
13.00 **Journal, météo**
13.20 **Le monde est à vous**
   Ouverture : « Fantessy », un groupe de majorettes hollandaises • Invité vedette : Carlos • Variétés : Herbert Léonard, Chanael, Pierre Perret, Nick Kamen, Sumi Jo • Classique : l'Orchestre symphonique de la Garde républicaine.
14.55 **MacGyver** Série américaine.
15.50 **L'école des fans**
   Invitée : Mireille Mathieu.
16.35 **Disparitions**
   Q Déjà diffusé. « Double journal ». Comme tous les soirs, Jenny se produit sur la scène du « Lapin bleu », un cabaret parisien. Mais ce soir-là, un client suisse vient troubler le numéro. Avec Catherine Leprince, Luc Merenda.
17.35 **La caméra cachée**
18.30 **Stade 2** Avec Gérard Holtz.
   Cyclisme : le Tour d'Espagne ; les Quatre jours de Dunkerque • Aviron. régional-national à Auch • Football. Championnat de France • Formule 1. Grand prix de Monaco • Gymnastique. Championnat d'Europe • Résultats et images de la semaine avec Christian Quidet.
19.30 **MAGUY**
   Q Série française réalisée par Jean Pignol. Scénario et dialogues de Jean-Noël Fenwick. Voir ci-contre.
20.00 **Journal, météo**
20.35 **LA 3e NUIT DES MOLIERES**
   Emission conçue et organisée par Georges Cravenne. Voir ci-contre.
23.20 **Journal, météo**
23.40 **Apos** Avec Bernard Pivot.
23.54 **Soixante secondes**
   Invité : Gary Kasparov.
23.55 **Gymnastique : championnat d'Europe**
   Depuis Stockholm. Commentaires de Pierre Fulla.

4. *Remplissez le tableau: combien de temps est-ce que chaque personne regarde la télé par soirée?*

nom	minutes
Mireille	
Monsieur Rouzier	
Stéphane	
Madame Rouzier	
Vous	
Votre partenaire	

10A

Parler de sa famille

	Brigitte	Patrick	Isabelle et Jean-Luc
Père: Nom Age Profession	André Lagarde 49 ans	Charles Ducassel soudeur	42 ans employé de banque
Mère: Nom Age Profession	Anne-Marie Lagarde	51 ans femme au foyer	infirmière
Oncle: Nom Age Profession Domicile	58 ans Genève	Henri Châtelet	opticien St. Malo
Tante: Nom Age Profession Domicile	Yvette Renevey Chartres	36 ans	journaliste Carcassonne

1. Demandez d'abord à votre partenaire les informations qui vous manquent.

Exemple:

A: Tu connais/Vous connaissez Isabelle et Jean-Luc? – B: Oui, bien sûr.
A: Alors, comment s'appelle leur père? – B: Daniel Tournet.
A: Et leur mère? ...
A: Et quel est son âge?/ Quelle est sa profession? ...

Ensuite vous dites:
Voilà .... Son père/Leur père s'appelle .... Il a .... ans.
Il est ..., etc.

---

2. Interrogez votre partenaire et notez ses réponses:

Comment s'appelle votre/ton père?
Et votre/ta mère?
Quelle est la profession de votre/ton père?
Que fait votre/ton père?
Quel âge a-t-il?
Et ta/votre mère?
Quelle est sa profession?

Parler de sa famille

	Brigitte	Patrick	Isabelle et Jean-Luc
Père: Nom Age Profession	 architecte	 50 ans	Daniel Tournet
Mère: Nom Age Profession	 47 ans institutrice	Sophie Ducassel	Denise Tournet 43 ans
Oncle: Nom Age Profession Domicile	Etienne Tebaldi garagiste	 46 ans routier Strasbourg	Pierre Sylvestre 33 ans
Tante: Nom Age Profession Domicile	 44 ans femme au foyer	Nicole Chatelet professeur Lorient	Sylvie Meylan 31 ans

1. Demandez d'abord à votre partenaire les informations qui vous manquent.

Exemple:

B: Tu connais/Vous connaissez Patrick? – A: Oui, bien sûr.
B: Alors, comment s'appelle son père? – A: Charles Ducassel.
A: Et sa mère? ...
B: Et quel est son âge?/ Quelle est sa profession? ...

Ensuite vous racontez:
Voilà .... Son père/leur père s'appelle .... Il a .... ans.
Il est ..., etc.

---

2. Interrogez votre partenaire et notez ses réponses:

Comment s'appelle votre/ton père?   _____
Et votre/ta mère?   _____
Quelle est la profession de votre/ton père?
Que fait votre/ton père?   _____
Quel âge a-t-il?   _____
Et ta/votre mère?   _____
Quelle est sa profession?   _____
Tu as/Vous avez un oncle/ une tante?   _____

etc.

33

A qui est ...? / A qui sont ...?

1. Vous avez emprunté pas mal de choses à vos cousins, amis, etc. Maintenant, vous ne savez plus exactement à qui sont tous ces objets. Demandez-le à votre partenaire.

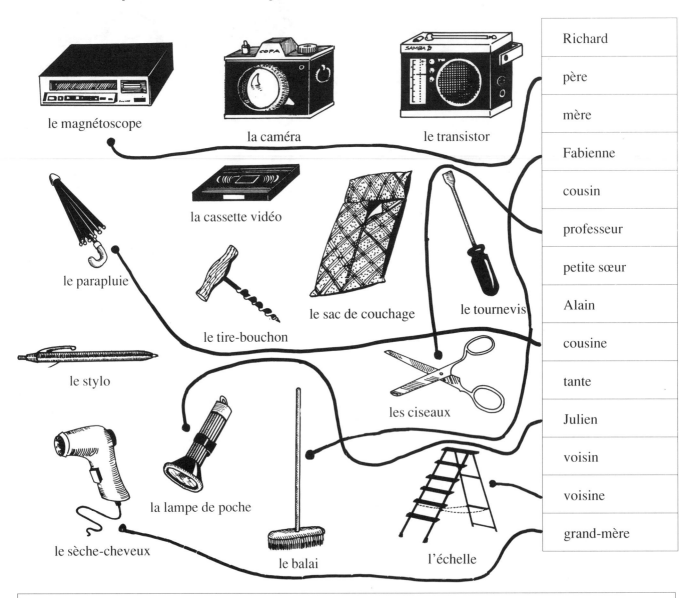

le magnétoscope

la caméra

le transistor

la cassette vidéo

le parapluie

le tire-bouchon

le sac de couchage

le tournevis

le stylo

les ciseaux

la lampe de poche

le sèche-cheveux

le balai

l'échelle

| Richard |
| père |
| mère |
| Fabienne |
| cousin |
| professeur |
| petite sœur |
| Alain |
| cousine |
| tante |
| Julien |
| voisin |
| voisine |
| grand-mère |

Moyens linguistiques:

A: A qui est le/la ...? – B: C'est le/la ... de ...
    A qui sont les ...?   Ce sont les ... de ...

B: Le sèche-cheveux, c'est à ton père?
A: Non, il est à ma grand-mère.

*2. Le téléphone sonne, c'est pour votre partenaire. Les propriétaires des objets qu'il/elle a empruntés en ont be-
soin. Vous le lui dites.*

Exemple:

A: On te/vous demande au téléphone. – B: Qui est-ce?/C'est qui? – A: C'est Fabienne. Elle a besoin de son balai.

A qui est ...? / A qui sont ...?

1. *Vous avez emprunté pas mal de choses à vos cousins, amis, etc. Maintenant, vous ne savez plus exactement à qui sont tous ces objets. Demandez-le à votre partenaire.*

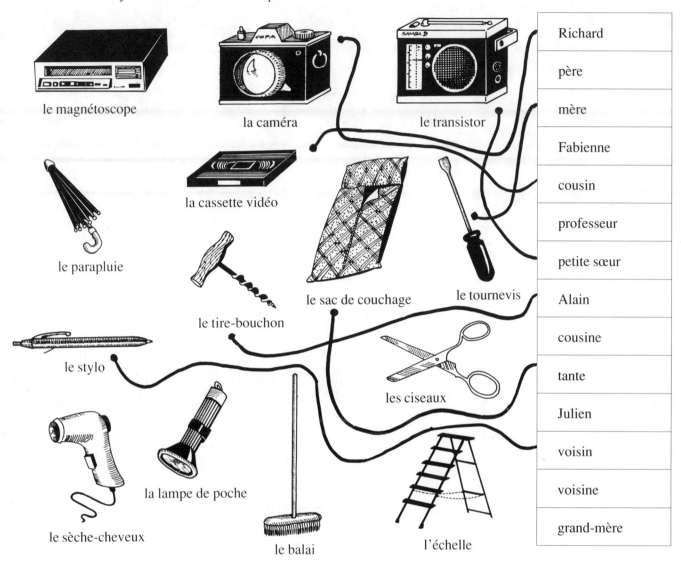

le magnétoscope

la caméra

le transistor

la cassette vidéo

le parapluie

le sac de couchage

le tournevis

le tire-bouchon

le stylo

les ciseaux

la lampe de poche

le sèche-cheveux

le balai

l'échelle

| Richard |
| père |
| mère |
| Fabienne |
| cousin |
| professeur |
| petite sœur |
| Alain |
| cousine |
| tante |
| Julien |
| voisin |
| voisine |
| grand-mère |

Moyens linquistiques:

A.: A qui est le/la...?   —   B: C'est le/la ... de ...
    A qui sont les...?   Ce sont les ... de ...

A.: La caméra, c'est à ta/votre cousine?
B.: Non, elle est à mon cousin.

---

2. *Le téléphone sonne, c'est pour votre partenaire. Les propriétaires des objets qu'il/elle a empruntés en ont besoin. Vous le lui dites.*

Exemple:

A: On te/vous demande au téléphone. – B: Qui est-ce?/C'est qui? – A: C'est Richard. Il a besoin de sa cassette vidéo.

Parler cadeaux

Quel cadeau? Pour qui?

Le jour des étrennes approche et la course aux cadeaux commence.
Tout d'abord notez ce que vous allez donner à vos parents et amis.

1. *Vous aimeriez savoir quels cadeaux vont faire vos amis. Vous avez déjà quelques informations, mais vous ne savez pas encore tout. Questionnez votre partenaire et notez ses réponses.*

Bonne année!

	parents	copain	copine	sœur	frère	voisins
Marcel		poster	album		stylo	galettes
Sandrine		eau de toilette				
Roland			robe			bouteille de pastis
Yves	service à café	caméra			tabac	
Michel	plante	whisky		parfum		
Annick			gants	vernis à ongles	roman policier	rien
Rémy	cafetière			stylo		fleurs
Brigitte			miroir de poche	blouse	disque	
Vous-même						
Votre partenaire						

Exemple: A. - Tu sais/vous savez ce que Brigitte va donner à ses voisins?
             B. - Je pense qu'elle va leur donner des cigares.

2. *(Pour étudiants de niveau moyen)*
   Certains sont assez contents de leurs cadeaux.
   Vous voulez savoir pourquoi, alors, vous le demandez à votre partenaire - il/elle devrait en connaître la raison (c'est-à-dire qu'il/elle les invente).

Exemple:

B: Est-ce que les parents d'Yves sont contents de leur service à café?
A: Ah oui, ils en sont très contents, il est beau!
B: Est-ce que la copine de Michel est contente de son écharpe?
A: Ah oui, elle en est très contente, elle va bien avec son nouveau manteau.

> *Moyens linguistiques:*
>
> Il/Elle peut enfin ...; Il/Elle aime beaucoup ...; Il/Elle va bien avec ...; C'est depuis longtemps qu'il/elle voulait en avoir un(e); Il/Elle en avait vraiment besoin.

Parler cadeaux

Quel cadeau? Pour qui?

Le jour des étrennes approche et la course aux cadeaux commence.
Tout d'abord notez ce que vous allez donner à vos parents et amis.

1. *Vous aimeriez savoir quels cadeaux vont faire vos amis. Vous avez déjà quelques informations, mais vous ne savez pas encore tout. Questionnez votre partenaire et notez ses réponses.*

Bonne année!

	parents	copain	copine	sœur	frère	voisins
Marcel	livre			laine		
Sandrine	caisse de champagne		rouge à lèvres	veste	paire de chaussures	rien
Roland	atlas	pipe		chocolat	bonnet	
Yves			bonbons fourrés	papier à lettres		bouteille de vin
Michel			écharpe		chemise	épices
Annick	vase	flash électronique				
Rémy		billets de cinéma	sac à main		briquet	
Brigitte	café	montre				cigares
Vous même						
Votre partenaire						

Exemple: A. – Tu sais/vous savez ce que Brigitte va donner à ses voisins?
    B. – Je pense qu'elle va leur donner des cigares.

---

2. *Pour étudiants de niveau moyen:*
   Certains sont assez contents de leurs cadeaux.
   Vous voulez savoir pourquoi, alors, vous le demandez à votre partenaire - il/elle devrait en connaître la raison (c'est-à-dire qu'il/elle les invente).

Exemple:
B: Est-ce que les parents d'Yves sont contents de leur service à café?
A: Ah oui, ils en sont très contents, il est beau!

B: Est-ce que la copine de Michel est contente de son écharpe?
A: Ah oui, elle en est très contente, elle va bien avec son nouveau manteau.

Moyens linguistiques:

Il/Elle peut enfin ...: Il/Elle aime beaucoup ...; Il/Elle va bien avec ...; C'est depuis longtemps qu'il/elle voulait en avoir un(e); Il/Elle en avait vraiment besoin.

Dire comment on trouve quelque chose

	Didier	Marie-France	Vous	Votre partenaire
l'école		bien		
la France		pas mal		
le foot(ball)	pas intéressant			
cet exercice	super			
la télé française		fantastique		
sa ville	formidable			
son appartement		bien		
la musique classique	horrible			
l'art moderne	bof!			
les films de Truffaut	vachement bien			
les chaussures du professeur		elle n'aime pas du tout		

1. *Demandez à votre partenaire ce que Didier et Marie-France pensent et notez ses réponses.*

Exemple:

A: Comment est-ce que Didier trouve l'école?
B: C'est barbant!

2. *Maintenant, vous notez ce que vous pensez de l'école, etc.*
   Ensuite, demandez l'opinion de votre partenaire.

Exemple:

A: Comment (est-ce que) tu trouves les films de Truffaut? /Comment est-ce que vous trouvez les films de Truffaut?

Moyens linguistiques

+ +	fantastique	–	bof!
+ +	super	–	pas intéressant
+ +	extra	–	ennuyeux
+ +	formidable	–	embêtant
+ +	vachement/ drôlement bien	– –	barbant
		– –	moche
+ +	terrible	– –	idiot
+	bien	– –	horrible
+	pas mal	– –	affreux
+	marrant	– –	je n' aime pas du tout
+ –	ça va!		
+ –	je ne sais pas		

Dire comment on trouve quelque chose

	Didier	Marie-France	Vous	Votre partenaire
l'école	barbant			
la France	formidable			
le foot(ball)		embêtant		
cet exercice		idiot		
la télé française	moche			
sa ville		ennuyeuse		
son appartement	super			
la musique classique		fantastique		
l'art moderne		pas intéressant		
les films de Truffaut		drôles		
les chaussures du professeur	marrant			

1. *Demandez à votre partenaire ce que Didier et Marie-France pensent et notez ses réponses.*

Exemple:

B: Comment est-ce que Marie-France trouve l'école?
A: Bien!

2. *Maintenant, vous notez ce que vous pensez de l'école, etc.*
   Ensuite, demandez l'opinion de votre partenaire.

Exemple:

A: Comment (est-ce que) tu trouves les films de Truffaut? /Comment est-ce que vous trouvez les films de Truffaut?

Moyens linguistiques

+ + fantastique	–	bof!
+ + super	–	pas intéressant
+ + extra	–	ennuyeux
+ + formidable	–	embêtant
+ + vachement/ drôlement bien	– –	barbant
+ + terrible	– –	moche
+ bien	– –	idiot
+ pas mal	– –	affreux
+ marrant	– –	horrible
+ – ça va!	– –	je n'aime pas du tout
+ – je ne sais pas		

14A

Exprimer sa sympathie et son antipathie

Chacun à son goût ...

Ecrivez d'abord sur la ligne A comment vous trouvez ces personnes.
Ensuite, demandez son avis à votre partenaire et notez ses réponses sur la ligne B.

Moyens linguistiques:

A. Qu'est-ce que vous pensez/tu penses de ...?
Comment trouvez-vous/est-ce que tu trouves ...?
Comment tu trouves ...?
B. Je le/la trouve charmant(e).

très sympa(thique)
vraiment sympa
charmant, e
mignon, ne
joli, e
pas mal
assez bien
pas si bien
bête
idiot, e
impossible
affreux, se
complètement dingue

Madame Lacoste

Boris

Nathalie

Michel

A _____
B _____

Natacha

Monsieur Dalier

Christine

Antoine

A _____
B _____

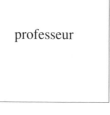
professeur

?

A _____
B _____

Exprimer sa sympathie et son antipathie

Chacun à son goût ...

*Ecrivez d'abord sur la ligne A comment vous trouvez ces personnes.
Ensuite, demandez son avis à votre partenaire et notez ses réponses sur la
ligne B.*

Moyens linguistiques:

A. Qu'est-ce que vous pensez/tu penses de ...?
   Comment trouvez-vous/est-ce que tu trouves ...?
   Comment tu trouves ...?
B. Je le/la trouve charmant(e).

très sympa(thique)
vraiment sympa
charmant, e
mignon, ne
joli, e
pas mal
assez bien
pas si bien
bête
idiot, e
impossible
affreux, se
complètement dingue

Madame Lacoste   Boris   Nathalie   Michel

A _____ _____ _____ _____
B _____ _____ _____ _____

Natacha   Monsieur Dalier   Christine   Antoine

A _____ _____ _____ _____
B _____ _____ _____ _____

professeur   ?

A _____ _____
B _____ _____

Moi, je sais en faire des choses!

Alors, moi
je sais en faire des choses!
je sais jouer au golf,
je sais chanter,
je sais conduire une moto,
je sais faire du cheval,
je sais jouer au tennis,
je sais danser le tango
et faire de la planche à voile

Mais regardez-moi ce fanfaron!
C'est facile de prétendre
quelque chose qu'on ne peut pas prouver.

Vous aimeriez savoir ce que vos amis savent faire. Vous ne savez pas tout - alors, interrogez votre partenaire et notez ses réponses. Inscrivez d'abord ce que vous savez faire.
*Après avoir demandé ce qu'une personne **sait** faire, demandez-lui si elle **peut** le faire en ce moment.*

Exemple:

B: Est-ce que Philippe sait jouer au foot?
A: Ah qui, il joue même très bien ..
B: Alors, est-ce qu'il peut jouer avec nous demain?
A: Non, pas demain: Il s'est foulé la cheville.

Après, vous pourriez raconter aux autres étudiants ce que vous savez sur les autres personnes et sur votre partenaire.

+ +	=	très bien
+ +	=	à merveille
+	=	bien
+	=	pas mal du tout
+	=	pas mal
+ –	=	comme si, comme ça
+ –	=	ça va
+ –	=	un peu
–	=	pas beaucoup
– .	=	mal
– –	=	très mal
– –	=	pas du tout

	Philippe		Mélanie		vous	votre partenaire
jouer au foot	+ +	s'est foulé la cheville				
faire du cheval			+	cheval a la migraine		
conduire	+			a encore peur		
parler espagnol			+ –	est trop timide		
faire la cuisine	+ –	aime faire des essais				
danser		vient de prendre des leçons				
nager			+	a eu la grippe		
tricoter	–	aimerait essayer				
dessiner			+ +	demande de l'argent		
chanter			– –	crie comme un chat amoureux		

Moi, je sais en faire des choses!

Alors, moi
je sais en faire des choses!
je sais jouer au golf,
je sais chanter,
je sais conduire une moto,
je sais faire du cheval,
je sais jouer au tennis,
je sais danser le tango
et faire de la planche à voile

Mais regardez-moi ce fanfaron!
C'est facile de prétendre
quelque chose qu'on ne peut pas prouver.

Vous aimeriez savoir ce que vos amis savent faire. Vous ne savez pas tout - alors, interrogez votre partenaire et notez ses réponses. Inscrivez d'abord ce que vous savez faire.
*Après avoir demandé ce qu'une personne **sait** faire, demandez-lui si elle **peut** le faire en ce moment.*

Exemple:

B: Est-ce que Philippe sait jouer au foot?
A: Ah qui, il joue même très bien ..
B: Alors, est-ce qu'il peut jouer avec nous demain?
A: Non, pas demain: il s'est foulé la cheville.

Après, vous pourriez raconter aux autres étudiants ce que vous savez sur les autres personnes et sur votre partenaire.

+ +	= très bien
+ +	= à merveille
+	= bien
+	= pas mal du tout
+	= pas mal
+ −	= comme si, comme ça
+ −	= ça va
+ −	= un peu
−	= pas beaucoup
−	= mal
− −	= très mal
− −	= pas du tout

		Philippe		Mélanie	vous	votre partenaire
jouer au foot			+	sera sûrement d'accord		
faire du cheval	− −	trouve ça inutile				
conduire		a bu trop d'alcool	+ −			
parler espagnol	− +	peut essayer				
faire la cuisine			+ +	n'a pas le temps		
danser			+ −	ça dépend		
nager	+ +	prend part aux championnats				
tricoter			+ −	n'aime pas trop		
dessiner	+ +	aime beaucoup ça				
chanter	+ +	avec bon micro				

Prendre rendez-vous

Vous voulez aller au cinéma avec votre partenaire. Ci-dessous votre emploi du temps. Prenez rendez-vous avec lui et vérifiez les jours et les heures où vous avez le temps tous les deux.

Employez les tournures suivantes:

- Tu as/Vous avez le temps ....à ....heures?
- On peut aller au ciné ....à ....heures?
- .... heures, ça te va?/ Qu'est-ce que vous pensez de ... heures?
- Ah non, je regrette, .../à .... heures, je ne peux pas. J'ai ..Il me faut .../Je dois ....
- Non, ça ne va pas. A cette heure/à .... heures/ .... je veux . ...

	lundi	mardi	mercredi	jeudi	vendredi	samedi	dimanche
15 h - 18 h	cours de danse		match de volley	dentiste			
18 h - 20 h		cours d'anglais			cours de photo		
20 h - 22 h	ciné avec Thierry				bistro avec Robert		

Prendre rendez-vous

Vous voulez aller au cinéma avec votre partenaire. Ci-dessous votre emploi du temps. Prenez rendez-vous avec lui et vérifiez les jours et les heures où vous avez le temps tous les deux.

Employez les tournures suivantes:

- Tu as/Vous avez le temps ....à ....heures?
- On peut aller au ciné ....à ....heures?
- .... heures, ça te va?/ Qu'est-ce que vous pensez de ... heures?
- Ah non, je regrette, .../à .... heures, je ne peux pas. J'ai ..Il me faut .../Je dois ....
- Non, ça ne va pas. A cette heure/ à .... heures/ ......'.. je veux ....

	lundi	mardi	mercredi	jeudi	vendredi	samedi	dimanche
15 h - 18 h		manif contre centrales nucléaires			gymnas-tique	rendre visite à tante Eugénie	randon-née en famille
18 h - 20 h	groupe de théâtre		groupe de théâtre	tennis avec Sabine		cours de danse	
20 h - 22 h	ciné avec Sabine	cours d'alle-mand			concert rock		

Faire des projets pour le week-end

Vendredi, quatre heures de l'après-midi. Fini le travail - enfin le week-end! Qu'est-ce qu'on va faire? Tout le monde fait des projets ...

Vous voulez savoir ce que vont faire vos amis. Quelques-uns vous l'ont déjà dit, mais pas tous. Alors vous le demandez à votre partenaire et vous notez ses réponses.

Tout d'abord, notez ce que vous-même allez faire le week-end. Si vos activités ne figurent pas parmi celles proposées, utilisez les cases vides. Vous pouvez en discuter en classe: Qui est dynamique? Qui ne l'est pas?

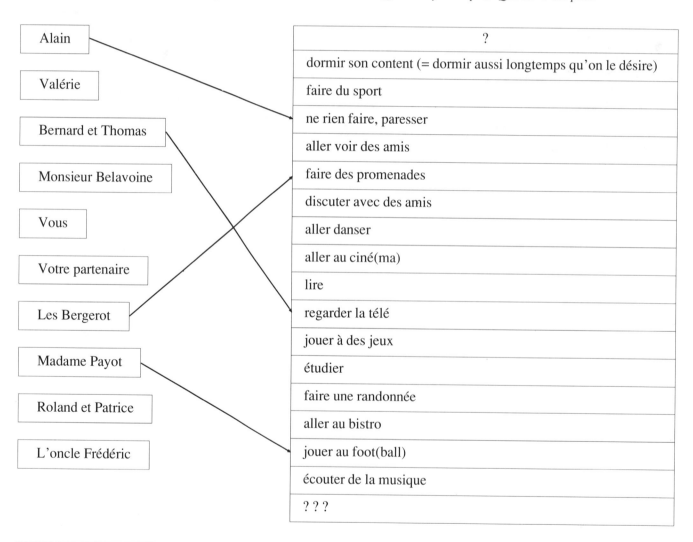

| Alain |
| Valérie |
| Bernard et Thomas |
| Monsieur Belavoine |
| Vous |
| Votre partenaire |
| Les Bergerot |
| Madame Payot |
| Roland et Patrice |
| L'oncle Frédéric |

?
dormir son content (= dormir aussi longtemps qu'on le désire)
faire du sport
ne rien faire, paresser
aller voir des amis
faire des promenades
discuter avec des amis
aller danser
aller au ciné(ma)
lire
regarder la télé
jouer à des jeux
étudier
faire une randonnée
aller au bistro
jouer au foot(ball)
écouter de la musique
? ? ?

Moyens linguistiques:

A. Qu'est-ce que Valérie | va faire | ce week-end?
                          | compte faire |

B. Elle va .../Elle veut .../Elle fera/ira/verra ...

Faire des projets pour le week-end

Vendredi, quatre heures de l'après-midi. Fini le travail - enfin le week-end! Qu'est-ce qu'on va faire? Tout le monde fait des projets ...
Vous voulez savoir ce que vont faire vos amis. Quelques-uns vous l'ont déjà dit, mais pas tous. Alors vous le demandez à votre partenaire et vous notez ses réponses.
Tout d'abord, notez ce que vous-même allez faire le week-end. Si vos activités ne figurent pas parmi celles proposées, utilisez les cases vides. Vous pouvez en discuter en classe: Qui est dynamique? Qui ne l'est pas?

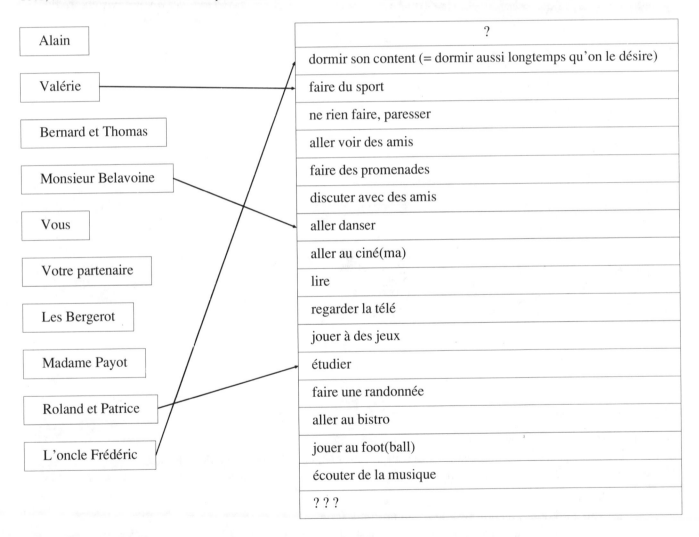

Alain	?
Valérie	dormir son content (= dormir aussi longtemps qu'on le désire)
Bernard et Thomas	faire du sport
Monsieur Belavoine	ne rien faire, paresser
Vous	aller voir des amis
Votre partenaire	faire des promenades
Les Bergerot	discuter avec des amis
Madame Payot	aller danser
Roland et Patrice	aller au ciné(ma)
L'oncle Frédéric	lire
	regarder la télé
	jouer à des jeux
	étudier
	faire une randonnée
	aller au bistro
	jouer au foot(ball)
	écouter de la musique
	? ? ?

Moyens linguistiques:

A: Qu'est-ce que Valérie | va faire | ce week-end?
| | compte faire |
B: Elle va .../Elle veut .../Elle fera/ira/verra ...

Situer des villes

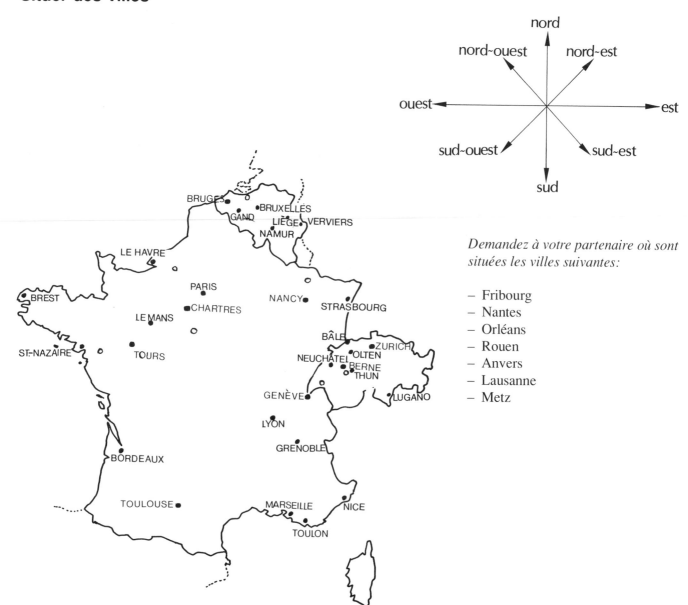

Demandez à votre partenaire où sont situées les villes suivantes:

- Fribourg
- Nantes
- Orléans
- Rouen
- Anvers
- Lausanne
- Metz

Moyens linguistiques:

Où est situé Grenoble?	– Grenoble est situé dans les Alpes.
Où est situé Bordeaux?	– Bordeaux est situé sur la Garonne, dans le sud-ouest de la France.
Où est situé Nantes?	– Nantes se trouve/est/est situé ...

dans le nord/sud/est/ouest de la France/Belgique/Suisse
    au nord de ... / au nord-est de ... /au nord-ouest de ...
    au sud de ... / au sud-est de .../ au sud-ouest de ...
    à l'est de ... / à l'ouest de / au centre de

St.-Nazaire se trouve dans l'ouest de la France, à l'ouest de Nantes. Thun se trouve au centre de la Suisse, au sud de Berne. Verviers se trouve dans l'est de la Belgique, à l'est de Liège.

Ecrivez les noms des villes qui manquent sur la carte.

Situer des villes

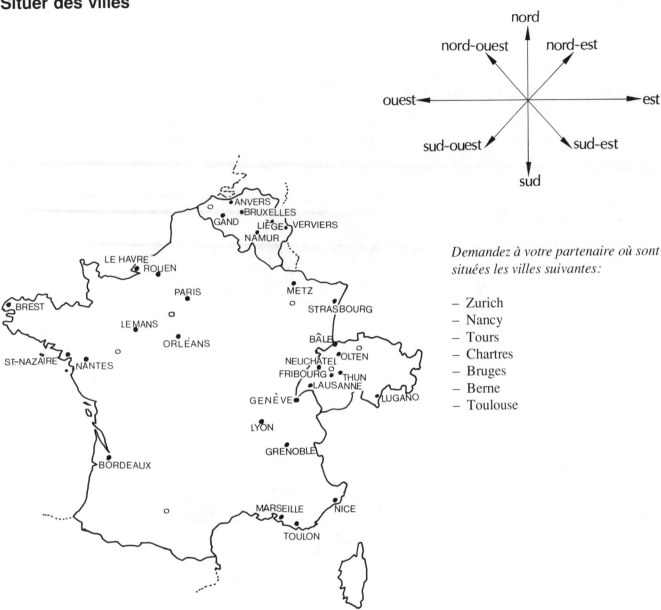

Demandez à votre partenaire où sont
situées les villes suivantes:

– Zurich
– Nancy
– Tours
– Chartres
– Bruges
– Berne
– Toulouse

Moyens linguistiques:

Où est situé Grenoble? – Grenoble est situé dans les Alpes.
Où est situé Bordeaux? – Bordeaux est situé sur la Garonne, dans le sud-ouest de la France.
Où est situé Nantes? – Nantes se trouve/est/est situé ...

dans le nord/sud/est/ouest de la France/Belgique/Suisse
> au nord de ... / au nord-est de ... /au nord-ouest de ...
> au sud de ... / au sud-est de .../ au sud-ouest de ...
> à l'est de ... / à l'ouest de / au centre de

St.-Nazaire se trouve dans l'ouest de la France, à l'ouest de Nantes. Thun se trouve au centre de la Suisse, au sud de Berne. Verviers se trouve dans l'est de la Belgique, à l'est de Liège.

Ecrivez les noms des villes qui manquent sur la carte.

Pourquoi? Comment?

Vous êtes quelqu'un(e) de très curieux et vous désirez tout savoir sur les autres. Vous savez déjà beaucoup de choses sur eux, mais pas tout. Questionnez votre partenaire et répondez aussi à ses questions – il/elle ne sait pas tout, lui/elle non plus!

Modèle: B: *Pourquoi* est-ce que Monsieur Cellier n'a pas beaucoup d'argent?
A: (Parce qu')il est au chômage/il est chômeur.

A: *Comment* est-ce que Monsieur Duchamps est devenu alcoolique?
B: En buvant pour essayer d'oublier ses problèmes.

Pourquoi? Comment?

Vous êtes quelqu'un(e) de très curieux et vous désirez tout savoir sur les autres. Vous savez déjà beaucoup de choses sur eux, mais pas tout. Questionnez votre partenaire et répondez aussi à ses questions – il/elle ne sait pas tout non plus!

Modèle: A: *Pourquoi* est-ce que Madame Blaise a peu de temps à elle?
             B: (Parce qu') elle a cinq enfants.

             B: *Comment* est-ce que Monsieur Dumesnil est devenu millionnaire?
             A: En trouvant un médicament contre le rhume.

Monsieur Cellier	Madame Blaise	Madame Perretti	Monsieur Boulanger
pas d'argent?	cinq enfants	mal à la tête	a pris son vélo?
Madame André	Monsieur Duchamps	Monsieur Ledoux	Monsieur Dumesnil
il fait beau	essayer d'oublier ses problèmes	est de bonne humeur?	comment est-il devenu millionnaire?
Madame Clinze	Monsieur Lesage	Guy	Monsieur Belkacem
ne va pas à la plage?	a une amie américaine?	embrasser sa petite amie	visiter le salon de la bande dessinée
Madame Forestier	Yvette	Monsieur Tonnerre	Madame Gobelet
comment va-t-elle passer ses vacances?	comment a-t-elle passé son bac?	ne sait pas danser	veut boire de la bière

Parler du comportement des gens

Demandez à votre partenaire les informations qui vous manquent. Notez ses réponses et donnez-lui à votre tour des informations.

Exemple:

B: Que fait Mme Tournesol quand elle a le temps?
A: (Eh bien), elle va danser.
ou:
B: Que fait M. Soulier quand il a un peu bu?
A: Il boit du lait.

	avoir le temps	être malade	être en colère	avoir de l'argent	avoir un peu bu
Monsieur Cœurdelion		ne rien manger			parler hébreu
Madame Tournesol	aller danser	ne pas aller au travail		aller au restaurant	
Madame Lemaire			casser le téléviseur	acheter des livres	
Monsieur Soulier	écrire des lettres	prendre des cachets			boire du lait
Madame Volet			aller se coucher		chanter comme Edith Piaf
Monsieur Lesable	faire la vaisselle		aller en voiture	acheter des disques	
Vous					
Votre partenaire					

Parler du comportement des gens

Demandez à votre partenaire les informations qui vous manquent. Notez ses réponses et donnez-lui à votre tour des informations.

Exemple:

A: Que fait M. Cœurdelion quand il a le temps?
B: (Eh bien), il tricote.
ou:
A: Que fait Mme Volet quand elle a de l'argent?
B: (Alors là), elle achète une trompette.

	avoir le temps	malade	être en colère	avoir de l'argent	avoir un peu bu
Monsieur Cœurdelion	tricoter		jouer au rugby	aller en Israël	
Madame Tournesol			danser le rock'n'roll		aller à la piscine
Madame Lemaire	jouer au foot	appeler le SAMU			jouer de la guitare
Monsieur Soulier			pleurer	acheter un héli-coptère	
Madame Volet	aller à l'église	boire une tisane		acheter une trompette	
Monsieur Lesable		rester au lit			écrire des lettres
Vous					
Votre partenaire					

Demander son chemin / Indiquer le chemin

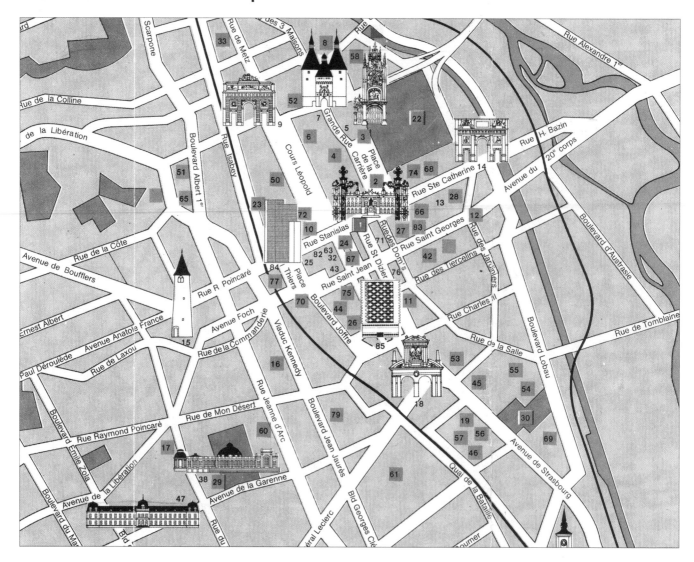

Vous arrivez à Nancy et vous vous trouvez devant la tour de la Commanderie (15). Vous demandez votre chemin pour aller

1.) au Syndicat d'Initiative (place Stanislas), 2.) à la porte de la Craffe, 3.) à l'Ecole des Beaux-Arts,
4.) à l'Avenue Foch 5.) au palais des Congrès.

Demandez votre chemin à votre partenaire qui vous l'indiquera.

Votre partenaire vous demandera ensuite où se trouvent les endroits qu'il cherche et qui sont marqués 1 , 18 ,
58 , 29 , (–) *sur votre plan.*
Indiquez-lui le chemin en vous servant des expressions suivantes:

> Bon . - Vous êtes en voiture ou à pied? - Alors, pour aller ..., vous prenez la rue ... - Ce n'est pas loin. - C'est loin. - Il vaut mieux prendre l'autobus/un taxi.
> Allez tout droit. - Suivez/descendez/montez la rue ... - Vous allez jusqu'au deuxième feu rouge, puis vous tournez à gauche/à droite ...
> Il faut prendre la deuxième/troisième/quatrième ... à gauche/droite.
> Traversez la place .../la rue .../le pont ...
> Vous passez devant ... et vous y serez.

Demander son chemin / Indiquer le chemin

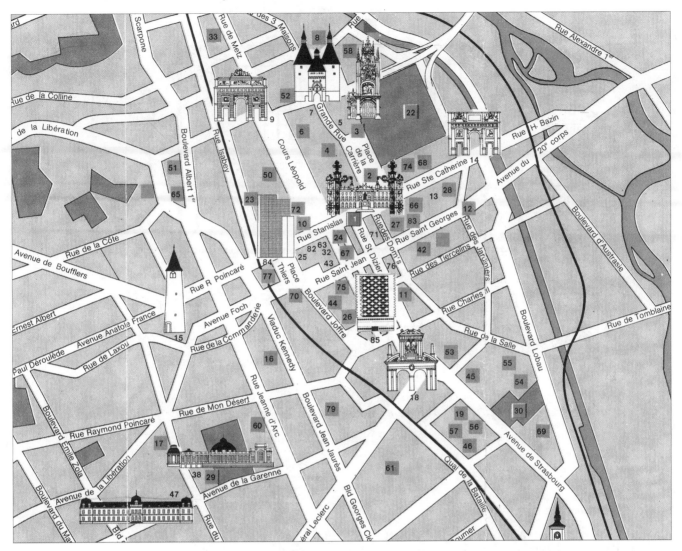

Votre partenaire se trouve avenue de Boufflers, devant la tour de la Commanderie (15). Il vous demande plusieurs fois son chemin. Les endroits qu'il cherche sont marqués 1 *,* 8 *,* 60 *, (–),* 85 *sur votre plan. Indiquez-lui le chemin en vous servant des expressions suivantes:*

Attendez - vous êtes en voiture ou à pied? - Alors, pour aller ..., vous prenez la rue ... -
Ce n'est pas loin. - C'est loin. - Il vaut mieux prendre l'autobus/un taxi.
Allez tout droit. - Suivez/descendez/montez la rue ... - Vous allez jusqu'au deuxième feu
rouge, puis vous tournez à gauche/à droite ...
Il faut prendre la deuxième/troisième/quatrième ... à gauche/droite.
Traversez la place .../la rue .../le pont ...
Vous passez devant ... et vous y serez.

Maintenant, c'est à vous de poser des questions à votre partenaire. Il/elle vous indiquera le chemin. Vous vous trouvez également devant la tour de la Commanderie et vous cherchez

1.) le musée des Beaux-Arts (place Stanislas), 2.) la porte Saint-Nicolas, 3.) l'institut chimique de l'Université, 4.) le parc Sainte-Marie, 5.) la rue de Tomblaine.

Le mobilier de votre appartement

1. Meublez votre nouvel appartement. Dessinez les objets.

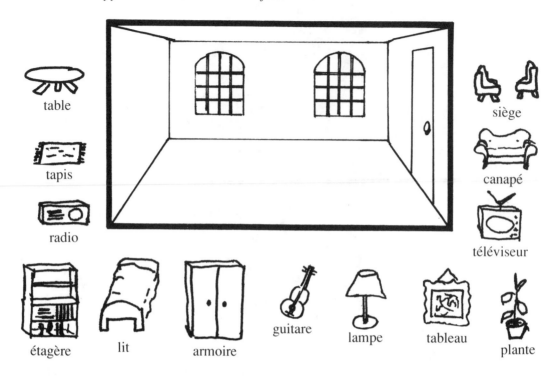

table

tapis

radio

étagère   lit   armoire   guitare   lampe   tableau   plante

siège

canapé

téléviseur

Ensuite, vous décrivez à votre partenaire comment vous avez installé votre appartement.

2. Ensuite demandez-lui comment il a installé le sien.

Moyens linguistiques:

A: Où est-ce que vous avez mis la radio?/Où est la radio?/La radio, vous l'avez mise où?

B: Je l'ai mise ... /Elle est .../Elle se trouve/...à côté de .../à gauche de .../à droite de/entre ... et .../derrière/devant .../sur/sous/dans ...

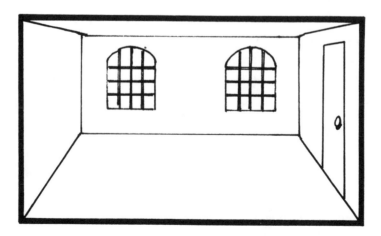

D'après la description que vous a faite votre partenaire de son appartement, dessinez-le.
Comparez les deux dessins - correspondent-ils ?

Le mobilier de votre appartement

1. Meublez votre nouvel appartement. Dessinez les objets.

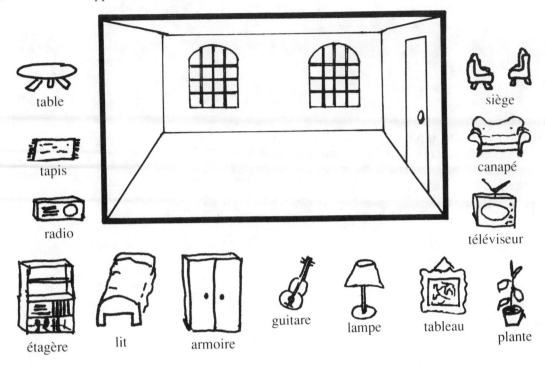

Ensuite, vous décrivez à votre partenaire comment vous avez installé votre appartement.

---

2. Ensuite, demandez-lui comment il a installé le sien.

Moyens linguistiques:

B: Où est-ce que vous avez mis la radio?/Où est la radio?/La radio, vous l'avez mise où?

A: Je l'ai mise ... /Elle est .../Elle se trouve ...à côté de .../ à gauche de .../à droite de/entre ... et ..., derrière/devant ...sur/ sous/dans ...

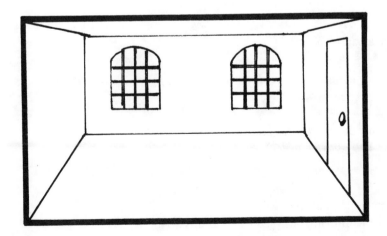

D'après la description que vous a faite votre partenaire de son appartement, dessinez-le.
Comparez les deux dessins - correspondent-ils?

Parler des événements de la veille

Qu'est-ce que vous avez fait hier?

	Vous	Votre partenaire
Vous vous êtes/Tu t'es levé(e) à quelle heure?		
Qu'est-ce que vous avez/ tu as pris au petit déjeuner?		
Comment est-ce que vous êtes/tu es allé(e) à l'école/ à votre travail?		
Qu'est-ce que vous avez /tu as mangé au dîner?		
Qu'est-ce que vous avez/ tu as bu?		
Qu'est-ce que vous avez/ tu as acheté?		
Qui avez-vous/ as-tu rencontré?		
Avez-vous/As-tu aidé quelqu'un?		
Vous avez/Tu as appris une nouvelle intéressante?		
Qu'est-ce que vous avez/tu as fait le soir?		
Qu'est-ce que vous avez/ tu as oublié de faire?		
Vous vous êtes/Tu t'es couché(e) à quelle heure?		
Qu'est-ce qui s'est passé à part cela?		

Répondez aux questions (en quelques mots seulement), ensuite, posez les questions à votre partenaire et notez ses réponses.

Maintenant, vous racontez aux autres ce que votre partenaire a fait hier.
Qui en a fait le plus? Vous? Votre partenaire?

Modèle:

A: Vous avez appris une nouvelle intéressante?
B: Oui, j'ai entendu dire que le ministre des Finances a démissionné.

A: B. a entendu dire que le ministre des Finances a (avait) démissionné.

Parler des événements de la veille

Qu'est-ce que vous avez fait hier?

	Vous	Votre partenaire
Vous vous êtes/Tu t'es levé(e) à quelle heure?		
Qu'est-ce que vous avez/ tu as pris au petit déjeuner?		
Comment est-ce que vous êtes/tu es allé(e) à l'école/ à votre travail?		
Qu'est-ce que vous avez /tu as mangé au dîner?		
Qu'est-ce que vous avez/ tu as bu?		
Qu'est-ce que vous avez/ tu as acheté?		
Qui avez-vous/ as-tu rencontré?		
Avez-vous/As-tu aidé quelqu'un?		
Vous avez/Tu as appris une nouvelle intéressante?		
Qu'est-ce que vous avez/tu as fait le soir?		
Qu'est-ce que vous avez/ tu as oublié de faire?		
Vous vous êtes/Tu t'es couché(e) à quelle heure?		
Qu'est-ce qui s'est passé à part cela?		

Répondez aux questions (en quelques mots seulement), ensuite, posez les questions à votre partenaire et notez ses réponses.

Maintenant, vous racontez aux autres ce que votre partenaire a fait hier.
Qui en a fait le plus? Vous? Votre partenaire?

Modèle:

B: Vous avez appris une nouvelle intéressante?
A: Oui, j'ai lu que le prix de l'essence va monter.

B: A a lu que le prix de l'essence va (allait) monter.

Parler de l'histoire

L'évolution de l'homme

	Australopithe-cus	Homo habilis	Homo erectus	Homo sapiens Neanderthaliensis	Homo sapiens sapiens
Quand (apparaître)?	il y a plus de cinq millions d'années		il y a environ un million d'années	il y a environ 300.000 ans	
Comment (se nourrir)?		habiter en groupes, collectionner		se nourrir de fruits et de la chasse	vivre de la chasse et de fruits, cultiver la terre
Que (savoir faire)?	outils primitifs en pierre	outils de pierre plus élaborés			
De quoi (être capable)?			savoir faire du feu; avoir des pratiques rituelles		depuis dix mille ans construire des maisons
Quand (disparaître)?	il y a à peu près 1 million d'années			il y a environ 300 .000 ans	
Où (trouver des fossiles)?		quelques restes en Afrique	restes en Afrique, Asie et Europe		sur tous les continents; s'appelle en Europe ‹Cro-Magnon›

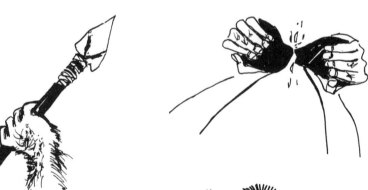

Attention aux temps à employer!

A: Quand + imparfait ...? --- B: imparfait
A: Quand + passé composé ...? --- B: passé composé
   etc.

Demandez à votre partenaire les informations qui vous manquent et notez les réponses.

Parler de l'histoire

L'évolution de l'homme

	Australopithe-cus	Homo habilis	Homo erectus	Homo sapiens Neanderthalien-sis	Homo sapiens sapiens
Quand (apparaître)?		il y a environ 3 millions d'années			il y a environ 30.000 ans
Comment (se nourrir)?	se servir d'os d'animaux pour chasser; fruits		chasser; cueillir des fruits		
Que (savoir faire)?			utiliser des outils en pierre assez perfectionnés	travailler les peaux des animaux; faire des outils; peindre	faire des peintures d'une grande perfec-tion; objets en céramique
De quoi (être capable)?	marcher sur deux pattes	communiquer		avoir des prati-ques rituel-les/mortuaires	
Quand (disparaître)?		il y a plus ou moins 1 mil-lion d'années	il y a environ 250.000 ans		toujours en train d'évoluer
Où (trouver des fos-siles)?	en Afrique seulement			en Afrique, Asie, Europe	

Attention aux temps à employer!

A: Quand + imparfait ...? --- B: imparfait
A: Quand + passé composé ...? --- B: passé composé
etc.

Demandez à votre partenaire les informations qui vous manquent et notez les réponses.

Demander poliment des renseignements

Pour poser des questions, employez ces expressions:

- Excusez-moi, Monsieur/Madame/Mademoiselle,

- (est-ce que) vous savez où/quand/à quelle heure/qui ...?
- (est-ce que) vous pouvez me dire ...?
                    donner un renseignement?
- je voudrais savoir ...
- (est-ce que) je peux vous poser une question?
                    demander quelque chose?

Pour répondre, vous pouvez employer:

- Je regrette ...
- Ah non, monsieur/madame/mademoiselle, ce n'est pas possible.
- Ah, mais écoutez ...
- Mais oui, monsieur/madame/mademoiselle ...
- Je vous remercie./Merci bien. - Je vous en prie.

1. Vous êtes à la gare de Honfleur. Vous avez beaucoup de bagages. Vous voulez aller à Paris. Votre partenaire travaille au bureau d'information de la gare. Vous lui demandez:
    Prochain train pour Paris?
    Autres trains pour Paris aujourd'hui?
    A quelle heure?
    Où changer?

2. Vous travaillez au CROUS[1]: vous renseignez les étudiants qui cherchent une chambre. Votre partenaire est étudiant(e) et vous demande quelques renseignements. Vous les lui donnez:
    Pas avant juillet
    750 francs
    Chauffage en plus.
    Aucune idée.

3. Vous avez rendez-vous avec un ami à l'entrée d'un cinéma, mais vous êtes en retard. Votre partenaire est caissier/caissière dans ce cinéma. Vous lui demandez:
    Film déjà commencé?
    Grand monsieur blond m'a demandé(e)?
    Entrer deux minutes pour le chercher (sans payer)?
    Fin de la séance à quelle heure?

4. Vous travaillez à Paris, au bureau d'information de la gare de Lyon. Un monsieur/une dame arrive et demande des renseignements. Votre partenaire est ce monsieur/cette dame. Vous les lui donnez:
    Il y a une demi-heure.
    Beaucoup de jeunes gens descendus, avec valises.
    Oui, encore trois.
    17 heures 28.

---

[1] Centre régional des œuvres universitaires sociales

Demander poliment des renseignements

Pour poser des questions, employez ces expressions:

- Excusez-moi, Monsieur/Madame/Mademoiselle,

- (est-ce que) vous savez où/quand/à quelle heure/qui ...?
- (est-ce que) vous pouvez me dire ...?
                          donner un renseignement?
- je voudrais savoir ...
- (est-ce que) je peux vous poser une question?
                          demander quelque chose?

Pour répondre, vous pouvez employer:

- Je regrette ...
- Ah non, monsieur/madame/mademoiselle, ce n'est pas possible.
- Ah, mais écoutez ...
- Mais oui, monsieur/madame/mademoiselle
- Je vous remercie. /Merci bien. - Je vous en prie.

1. Vous travaillez, pendant vos vacances, au bureau d'informations de la gare de Honfleur. Votre partenaire voyage et voudrait connaître des heures de trains. Vous consultez l'horaire et vous les lui donnez.
     Oui, à cet instant.
     Oui, mais pas direct/avec un changement.
     22 heures 36.
     A Evreux.

2. Vous êtes étudiant(e) et vous êtes venu(e) au CROUS[1] pour vous renseigner sur les possibilités d'avoir une chambre à la cité universitaire. Votre partenaire y travaille et vous donne des renseignements. Vous demandez:
     Chambre libre?
     Combien par mois?
     Chauffage inclus?
     Pourquoi pas?

3. Vous êtes caissier (caissière) dans un cinéma. Quelqu'un arrive et vous pose des questions. Vous répondez à votre partenaire:
     Oui, il y a 25 minutes.
     Non.
     Alors là - pas question!
     21 heures.

4. Vous êtes à la gare de Lyon. Vous êtes venu chercher votre ami qui arrivait de Valence, mais vous êtes en retard, et votre ami n'est plus là. Votre partenaire est employé(e) de gare. Vous lui demandez:
     Dernier train de Valence arrivé? Quelle heure?
     Vu jeune homme portant valise marron?
     Autres trains en provenance de Valence?
     Prochain train à quelle heure?

[1]Centre régional des œuvres universitaires sociales

Demander et donner des renseignements personnels

Passeport, permis de travail, carte d'identité, permis de séjour

	lieu de naissance	date de naissance	adresse	couleur des yeux	taille	signes particuliers
Marie Pêcheur		14 avril 1945		brun		lentilles
Irène le Goff	Brest		67, Vieux Port		1,71 m	
Véronique Minière	Lille	16 octobre 1967			1,66 m	
Catherine Boucher		3 décembre 1974	43, place Jean Bart			néant
Marius Rovelli			89, rue des Lilas	vert	1,76 m	
Annick Boutard	Toulon			bleu-vert		fossettes
Olivier Zeller		11 juin 1971	18, Petite France		1,81 m	
Bernard Rousseau	Orléans			bleu clair		néant
Vous						
Votre partenaire						

Demandez à votre partenaire les renseignements qui vous manquent. Notez ses réponses.

Demander et donner des renseignements personnels

Passeport, permis de travail, carte d'identité, permis de séjour

	lieu de naissance	date de naissance	adresse	couleur des yeux	taille	signes particuliers
Marie Pêcher	Grenoble		23, allée des Tilleuls		1,59 m	
Irène le Goff		12 mai 1967		bleu		grain de beauté
Véronique Minière			9, avenue des Mineurs	gris		cicatrice au front
Catherine Boucher	Romans-sur-Isère			vert	1,66 m	
Marius Rovelli	Marseille	24 janvier 1920				néant
Annick Boutard		17 juillet 1974	128, boule-vard de Marseille		1,74 m	
Olivier Zeller	Strasbourg			bleu foncé		néant
Bernard Rousseau		23 mars 1971	148, chemin Dufour		1,59 m	
Vous						
Votre partenaire						

Demandez à votre partenaire les renseignements qui vous manquent. Notez ses réponses.

Demander des renseignements exacts sur une personne

	(1) Madame Trudeau	(2) Mme Gramond	(3) Votre partenaire
domicile?	12, Grand-Rue, QUEBEC		
lieu de naissance?	St.-Jérôme/Canada		
date de naissance?	11 octobre 1941		
état civil?	divorcée		
enfants?	quatre		
profession?	infirmière		
nom du père?	Anatole Caré		
nom de la mère?	Marguerite Caré		
heures de travail?	variables - entre six et onze		
salaire?	2330.- dollars		
voiture?	Nissan		
fumeur?	oui		
passe-temps préférés?	promenades, ski de fond		
plat préféré?	pizza aux fruits de mer		
problème?	ne peut pas souvent voir ses enfants		

1. Vous ne connaissez pas Mme Gramond, mais vous désirez obtenir des renseignements sur elle. Demandez-les à votre partenaire.
2. Votre partenaire ne connaît pas Mme Trudeau et va vous poser des questions à son sujet. Donnez-lui les renseignements nécessaires.
3. Notez les réponses de votre partenaire.

Moyens linguistiques: – Où habite Mme Gramond?/Vous savez (tu sais) ou habite ...
       – (Est-ce qu') elle a des enfants?/Vous savez (tu sais) si elle a des enfants?
       – Combien d'heures est-ce qu'elle travaille?

Demander des renseignements exacts sur une personne

	(1) Madame Trudeau	(2) Mme Gramond	(3) Votre partenaire
domicile?		32, rue Raymond Poincaré, NANCY	
lieu de naissance?		Lunéville	
date de naissance?		21 juillet 1971	
état civil?		mariée	
enfants?		sans	
profession?		apprentie graphiste	
nom du père?		Jean-Daniel Suter	
nom de la mère?		Jacqueline Suter	
heures de travail?		8 heures par jour	
salaire?		2250,– francs	
voiture?		Citroën 2 CV	
fumeur?		non	
passe-temps préférés?		musique pop, danse, lecture	
plat préféré?		truite meunière	
problème?		son examen lui fait peur	

1. Vous ne connaissez pas Mme Trudeau, mais vous voulez obtenir des renseignements sur elle. Demandez-les à votre partenaire.
2. Votre partenaire ne connaît pas Mme Gramond et va vous poser des questions à son sujet. Donnez-lui les renseignements nécessaires.
3. Notez les réponses de votre partenaire.

Moyens linguistiques: – Où habite Mme Trudeau?/Vous savez (Tu sais) où habite ...
– (Est-ce qu') elle a des enfants?/Vous savez (Tu sais) si elle a des enfants?
– Combien d'heures est-ce qu'elle travaille?

A l'hôtel

Scène 1:

Vous travaillez à la réception d'un hôtel. L'hôtel est presque complet. Il vous reste:

- une chambre à deux lits sans douche, 155 francs la nuit,
- une chambre à un grand et un petit lit, avec douche et W.C. , 240 francs la nuit,
- une petite chambre à un lit, avec douche, 92 francs la nuit.

Il est déjà tard, un client arrive. Votre partenaire est le client.

Scène 2:

Il est onze heures du soir. Vous arrivez à l'hôtel et demandez une chambre à un lit avec douche, toilette, téléviseur, radio et téléphone. Vous êtes représentant de commerce d'une grande entreprise et vous voulez rester deux nuits. Tous les autres hôtels de la ville sont complets.

Votre partenaire travaille à la réception.

Scène 3:

Vous travaillez à la réception d'un hôtel. Il reste très peu de chambres de libre. Voilà ce qui reste:

- une chambre à un grand lit avec douche et W.C. , 330 francs la nuit;
- une chambre à deux lits, sans douche, 260 francs la nuit.

Il est tard, un client arrive. Votre partenaire est le client.

Scène 4:

Vous arrivez très tard à l'hôtel. Vous demandez une chambre pour vous seul, avec douche et vue sur le jardin, pour une nuit. Informez-vous des prix et décidez-vous. Votre partenaire travaille à la réception.

A l'hôtel

Scène 1:

Vous arrivez à l'hôtel. Il est déja très tard. Votre mari/votre femme attend dans la voiture. Vous demandez s'il reste une chambre à deux lits, avec douche, pour trois nuits. Informez-vous des prix et décidez-vous. Votre partenaire travaille à la réception de l'hôtel.

Scène 2:

Vous travaillez à la réception d'un hôtel. L'hôtel est complet. Il ne vous reste qu'une seule chambre avec un grand lit, mais elle est réservée pour le lendemain, dix heures, pour une star de cinéma. La chambre est avec douche, W. C., téléviseur, frigidaire, chaîne Hi-fi, téléphone et coûte 750 francs la nuit. Il est très tard, un client arrive. Votre partenaire est le client.

Scène 3:

Vous arrivez très tard à l'hôtel. Vous demandez une chambre à trois lits pour vous, votre femme/votre mari et un enfant de 8 ans, avec douche et W. C. , si possible. Vous ne restez qu' une nuit. Informez-vous des prix et décidez-vous.
Votre partenaire travaille dans cet hôtel.

Scène 4:

Vous travaillez à la réception d'un hôtel. L'hôtel est pratiquement complet, il ne vous reste que
- une chambre à trois lits avec douche et vue sur le jardin, 340 francs la nuit
- une petite chambre avec douche; elle donne sur la route principale et elle coûte 85 francs
- un lit dans une chambre à deux lits; l'autre lit est occupé; la chambre a une douche et donne sur le jardin; elle coûte 160 francs par personne par nuit.

Il est très tard. Un client arrive. Votre partenaire est le client.

Identifier des personnes

Vous êtes en vacances, depuis deux semaines, à l'hôtel de la Plage, à Honfleur. Vous avez fait la connaissance de quelques estivants. Il y en a d'autres dont vous ne connaissez que le nom de famille. Vous cherchez à savoir qui c'est et vous le demandez à votre partenaire.

B: Mais qui est donc cette Madame Lemirage?

A: Madame Lemirage? Mais c'est la secrétaire de Metz *qu*'on ne voit jamais aller au cinéma sans ses lunettes de soleil! (Elle est un peu bizarre, paraît-il ...)

A: Et qui est Monsieur Maussade?

B: Monsieur Maussade? Ah, c'est ce type malpoli du 137 *qui* travaille même pendant les vacances.

Madame Lemirage	Monsieur Courtelin	Monsieur Surchamps	Monsieur Confais
La secrétaire de Metz. On ne **la** voit jamais aller au cinéma sans ses lunettes de soleil.		Le joueur de basket. **Avec lui**, on ne peut parler que sport.	L'intellectuel de la chambre 12 bis. **Il** arrive toujours en retard au dîner.
Madame Tonnerre	Monsieur Toulouse	Mademoiselle Haring	Monsieur Aillaud
	Le hippie. On **l'**a rencontré hier au sauna.		Le fabricant de tissus de Bruxelles. Sa secrétaire **lui** téléphone tous les jours.
Madame Lapropre	Monsieur Maussade	Monsieur Bercoff	Madame Chouraqui
		Le petit gros de la chambre 52. Ils ont parlé **de lui** à la radio, l'autre jour.	
Madame Bertola	Monsieur Passacaglia	Madame Honnête	Madame Mosconi
La jeune femme de St.-Etienne. **Son** mari vient de mourir.			La blonde de la chambre 102. **Elle** fait les yeux doux au petit gros.

Identifier des personnes

Vous êtes en vacances, depuis deux semaines, à l'hôtel de la Plage, à Honfleur. Vous avez fait la connaissance de quelques estivants. Il y en a d'autres dont vous ne connaissez que le nom de famille. Vous cherchez à savoir qui c'est et vous le demandez à votre partenaire.

A: Qui est Monsieur Maussade?

B: Monsieur Maussade? Ah, c'est ce type malpoli du 137 qui travaille même pendant les vacances. Mais qui est donc cette Madame Lemirage?

A: Madame Lemirage? Mais c'est la secrètaire de Metz **qu'**on ne voit jamais aller au cinéma sans ses lunettes de soleil. (Elle est un peu bizarre paraît-il ...)

Madame Lemirage	Monsieur Courtelin	Monsieur Surchamps	Monsieur Confais
	Le monsieur de Lyon. **Sa** femme se promène toujours toute seule.		
Madame Tonnerre	Monsieur Toulouse	Mademoiselle Haring	Monsieur Aillaud
La grosse femme de la chambre 3. Personne ne veut **lui** parler.		La vieille fille du 92. **Elle** sourit tout le temps.	
Madame Lapropre	Monsieur Maussade	Monsieur Bercoff	Madame Chouraqui
Cette femme hystérique de Laval. On **l'**a vue au bar.	Ce type malpoli du 137. **Il** travaille même pendant les vacances.		La femme arrogante de Versailles. On ne **la** voit jamais aux repas sans son chapeau.
Madame Bertola	Monsieur Passacaglia	Madame Honnête	Madame Mosconi
	Le monsieur sympa du 23. Je me suis baigné/e **avec lui.**	La femme du Havre. **Sa** fille va en discothèque tous les soirs.	

30A

Ce que vous feriez à sa place ...

Voici Luc Montagnier.

Faites d'abord une croix dans la case prévue pour vos réponses.

Voilà ce que nous savons de lui:	Si vous étiez Luc Montagnier, qu'est-ce que vous feriez si vous étiez à sa place?		Et votre partenaire? Que ferait-il/elle?	
	Je ferais comme lui.	Je ne le ferais pas.	Il/elle ferait comme lui.	Il/elle ne le ferait pas.
1. Il a la grippe, mais il ne reste pas au lit.				
2. Il est marié, mais il flirte avec d'autres femmes.				
3. Son ami passe quelques jours chez lui, mais il va seul au cinéma.				
4. Il a une voiture, mais il préfère prendre l'autobus pour aller au travail.				
5. Il pleut, et pourtant il se promène dans le parc.				
6. Il n'a pas beaucoup d'argent, et pourtant il passe ses vacances à l'étranger.				
7. Il ne sait pas nager, mais il passe toutes ses vacances au bord de la mer.				
8. Il est trop gros, et pourtant il mange des gâteaux un jour sur deux.				
9. Il a mal aux dents, mais il ne va pas chez le dentiste.				
10. Ses voisins sont très bruyants, mais il ne s'en plaint jamais.				

Maintenant, vous posez ces questions à votre partenaire.

Exemple: A: Si vous aviez la grippe, vous ne resteriez pas non plus au lit?
B: Mais si - si j'avais la grippe, je resterais au lit!

Ensuite, vous vous adressez aux autres.

Exemple: Moi, si j'étais marié(e), je flirterais avec d'autres femmes/hommes aussi, mais mon/ma partenaire ne le ferait pas./... et mon ... le ferait aussi.

Ce que vous feriez à sa place ...

Voici Luc Montagnier.

Faites d'abord une croix dans la case prévue pour vos réponses.

Voilà ce que nous savons de lui:	Si vous étiez Luc Montagnier, qu'est-ce que vous feriez si vous étiez à sa place?		Et votre partenaire? Que ferait-il/elle?	
	Je ferais comme lui.	Je ne le ferais pas.	Il/elle ferait comme lui.	Il/elle ne le ferait pas.
1. Il a la grippe, mais il ne reste pas au lit.				
2. Il est marié, mais il flirte avec d'autres femmes.				
3. Son ami passe quelques jours chez lui, mais il va seul au cinéma.				
4. Il a une voiture, mais il préfère prendre l'autobus pour aller au travail.				
5. Il pleut, et pourtant il se promène dans le parc.				
6. Il n'a pas beaucoup d'argent, et pourtant il passe ses vacances à l'étranger.				
7. Il ne sait pas nager, mais il passe toutes ses vacances au bord de la mer.				
8. Il est trop gros, et pourtant il mange des gâteaux un jour sur deux.				
9. Il a mal aux dents, mais il ne va pas chez le dentiste.				
10. Ses voisins sont très bruyants, mais il ne s'en plaint jamais.				

Maintenant, vous posez ces questions à votre partenaire.

Exemple: A: Si vous aviez la grippe, vous ne resteriez pas non plus au lit?
B: Mais si - si j'avais la grippe, je resterais au lit!

Ensuite, vous vous adressez aux autres.

Exemple: Moi, si j'étais marié(e), je flirterais avec d'autres femmes/hommes aussi, mais mon/ma partenaire ne le ferait pas./... et mon ... le ferait aussi.

Chercher à connaître le niveau de culture générale de quelqu'un

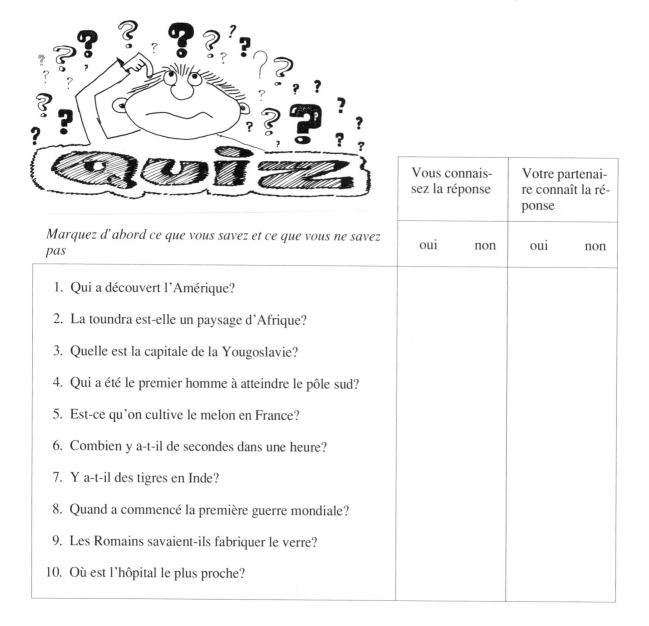

	Vous connais-sez la réponse		Votre partenai-re connaît la ré-ponse	
Marquez d'abord ce que vous savez et ce que vous ne savez pas	oui	non	oui	non
1. Qui a découvert l'Amérique?				
2. La toundra est-elle un paysage d'Afrique?				
3. Quelle est la capitale de la Yougoslavie?				
4. Qui a été le premier homme à atteindre le pôle sud?				
5. Est-ce qu'on cultive le melon en France?				
6. Combien y a-t-il de secondes dans une heure?				
7. Y a-t-il des tigres en Inde?				
8. Quand a commencé la première guerre mondiale?				
9. Les Romains savaient-ils fabriquer le verre?				
10. Où est l'hôpital le plus proche?				

Maintenant vous posez les questions à votre partenaire et vous complétez le tableau.

Moyens linguistiques:

A: Vous savez (Tu sais) si .../qui .../où .../quand .../comment .../combien de ...?
B: Oui, bien sûr. C'est /C' était ...
   Oui, ..
   Ah non! Je n'en sais rien. /Je ne sais pas.
   Aucune idée.
   Je n'en suis pas sûr(e), mais je pense que c'est/c'était ...

Ensuite, vous dites aux autres ce que votre partenaire sait et ne sait pas:
»Il/elle sait où ..., mais il/elle ne sait pas quand/si ...«
Qui connaissait toutes les réponses?

Chercher à connaître le niveau de culture générale de quelqu'un

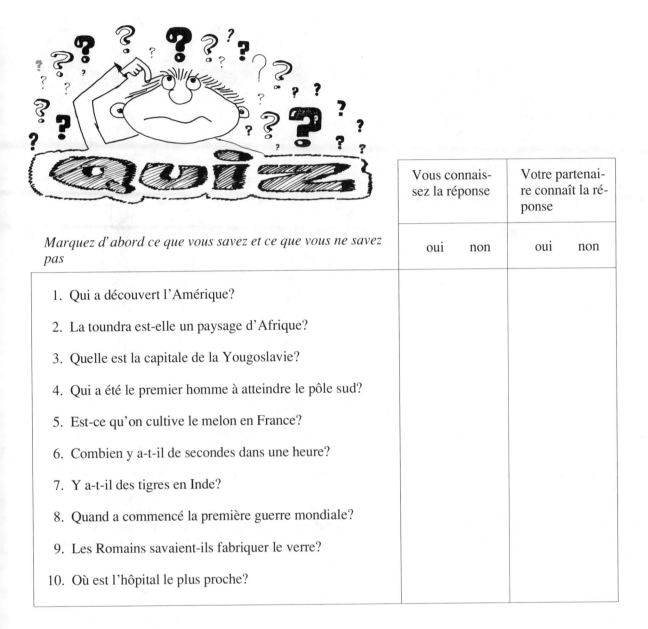

	Vous connais- sez la réponse		Votre partenai- re connaît la ré- ponse	
Marquez d'abord ce que vous savez et ce que vous ne savez pas	oui	non	oui	non
1. Qui a découvert l'Amérique?				
2. La toundra est-elle un paysage d'Afrique?				
3. Quelle est la capitale de la Yougoslavie?				
4. Qui a été le premier homme à atteindre le pôle sud?				
5. Est-ce qu'on cultive le melon en France?				
6. Combien y a-t-il de secondes dans une heure?				
7. Y a-t-il des tigres en Inde?				
8. Quand a commencé la première guerre mondiale?				
9. Les Romains savaient-ils fabriquer le verre?				
10. Où est l'hôpital le plus proche?				

Maintenant vous posez les questions à votre partenaire et vous complétez le tableau.

Moyens linguistiques:

A: Vous savez (Tu sais) si .../qui .../où ... /quand .../comment .../combien de ...?

B: Oui, bien sûr. C'est/c' était ...

Oui, ...

Ah non! Je n'en sais rien. /Je ne sais pas.

Aucune idée.

Je n'en suis pas sûr(e), mais je pense que c'est/c'était ...

Ensuite, vous dites aux autres ce que votre partenaire sait et ne sait pas:

»Il/elle sait où ..., mais il/elle ne sait pas quand/si ...«

Qui connaissait toutes les réponses?

Donner des consignes et les comprendre

Connaissez-vous le

1. *Ecoutez bien les consignes que vous donne votre parte-*
   naire et cherchez le dessin correspondant. Mettez la
   lettre du bon dessin dans le diagramme.

   Exemple: L'instruction nº 3 correspond au dessin A.

1	2	3	4	5	6	7

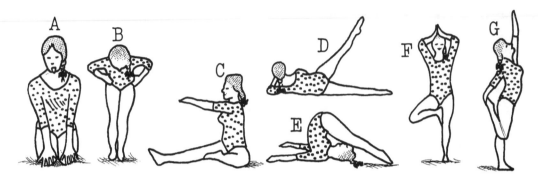

2. *Donnez à votre partenaire les consignes suivantes et le numéro correspondant.*

   Exemple: Consigne numéro deux: Tenez-vous tout droit ...

1. Allongez-vous sur le ventre. Repliez les jambes et saisissez vos pieds avec les mains. Tirez plusieurs fois les jambes en arrière et très vite. (Quel dessin est-ce?)

2. Mettez-vous sur le ventre, les jambes serrées et les bras contre le corps. Levez lentement la jambe droite, toujours tendue, le plus haut possible, tout en relevant légèrement la tête en arrière. Répétez cet exercice avec la jambe gauche.

3. Asseyez-vous par terre, les jambes tendues devant vous. Maintenant, saisissez vos pieds avec les mains et essayez de toucher les genoux avec la tête. Les jambes restent tendues. Répétez cet exercice trois fois.

4. Asseyez-vous par terre, les jambes tendues devant vous. Mettez les mains sur les genoux. Ramenez la jambe droite vers vous en saisissant la cheville de la main droite, le haut du corps et la tête restent droits. Faites le même exercice avec la jambe gauche.

5. Tenez-vous droit, levez le genou gauche le plus haut possible en le tenant des deux mains. La tête et le dos restent droits! Faites le même exercice avec la jambe droite.

6. Tenez-vous droit, les jambes un peu écartées. Tendez les bras au-dessus de la tête, seuls les doigts se touchent. Maintenant, penchez-vous deux fois à gauche, puis deux fois à droite, les bras, la tête, le haut du corps et les jambes droits et tendus.

7. Mettez-vous à genoux et asseyez-vous sur vos talons. Mettez la main gauche derrière le dos et essayez de saisir vos doigts avec la main droite en la passant derrière la tête. Tirez sur les doigts deux fois en haut et deux fois en bas. Répétez l'exercice en changeant de main.

Donner des consignes et les comprendre

Connaissez-vous le

1. *Ecoutez bien les consignes que vous donne votre partenaire et cherchez le dessin correspondant. Mettez la lettre du bon dessin dans le diagramme.*

1	2	3	4	5	6	7

Exemple: L'instruction n° 3 correspond au dessin N

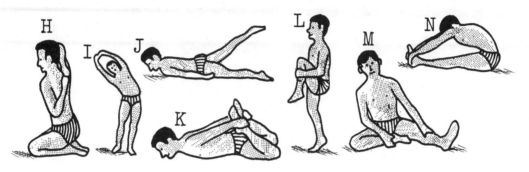

2. *Donnez les consignes suivantes à votre partenaire et le numéro correspondant.*

Exemple: Consigne numéro deux: Tenez-vous droit ...

1. Tenez-vous droit, les mains jointes sur la tête. Levez le plus lentement possible le genou droit et touchez la cuissse gauche de la plante du pied droit. La tête, le haut du corps et la jambe gauche restent droits. Faites le même exercice avec la jambe gauche.

2. Tenez-vous droit et posez les mains sur les hanches, les jambes serrées. Maintenant courbez lentement le haut du corps en avant. Faites cet exercice cinq fois.

3. Mettez-vous à genoux et asseyez-vous sur les talons. Le haut du corps reste droit. Posez les mains sur les genoux et tirez la langue par saccades. Répétez cet exercice cinq fois.

4. Asseyez-vous, bras et jambes tendues devant vous. Repliez le genou gauche et de la plante du pied touchez la cuisse droite. Pendant cet exercice, la tête et le haut du corps restent droits. Répétez l'exercice avec la jambe droite.

5. Couchez-vous sur le côté gauche, les jambes tendues reposant l'une sur l'autre. Votre tête repose sur la main gauche, la main droite est sur le sol, devant la poitrine. Maintenant, levez doucement la jambe droite le plus haut possible en la maintenant tendue. Répétez cet exercice en vous couchant sur l'autre côté.

6. Tenez-vous droit et levez le bras gauche. Ensuite, levez le mollet droit sans bouger le haut du corps. De la main droite, saisissez le pied droit en avançant la poitrine et en rejetant la tête en arrière. Faites le même exercice avec la jambe gauche.

7. Couchez-vous sur le dos, laissez les jambes serrées et les bras contre le corps, les paumes touchant le sol. Levez les jambes le plus lentement possible et allez toucher le sol derrière la tête avec les pieds. Les jambes restent tendues. Répétez cet exercice trois fois.

Faire des propositions/accepter ou refuser des propositions

Temps libre

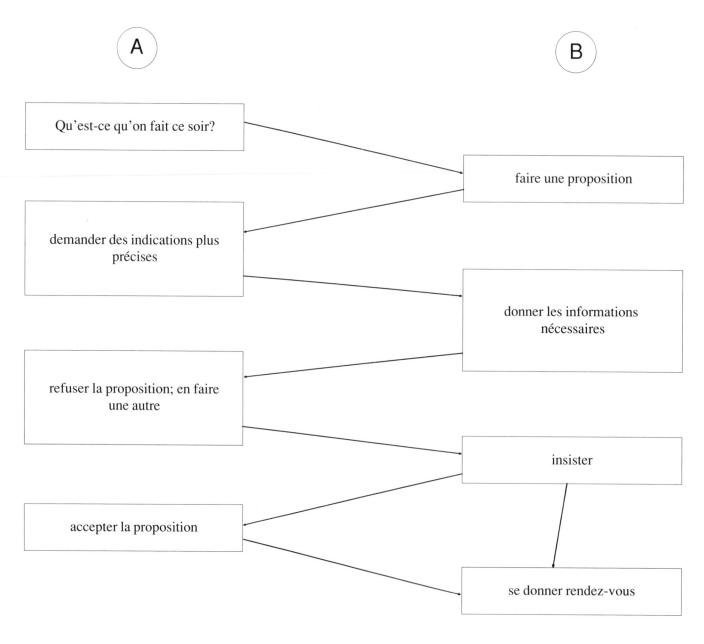

A

B

Qu'est-ce qu'on fait ce soir?

faire une proposition

demander des indications plus précises

donner les informations nécessaires

refuser la proposition; en faire une autre

insister

accepter la proposition

se donner rendez-vous

Moyens linguistiques: Tu n'as pas/Vous n'avez pas envie de ...?
On ne pourrait pas ...
Si on allait ...
Bof - moi, je préfère/préférerais ...
Mais écoute(z), j'ai tellement envie de ...
j'y tiens, c'est tellement ...
Mais on dit que c'est vraiment ...
Ah, fais un effort, je voudrais vraiment ...
Bon, alors, si tu veux/vous voulez ...
Bon, puisque vous insistez ...

Faire des propositions/accepter ou refuser des propositions

Temps libre

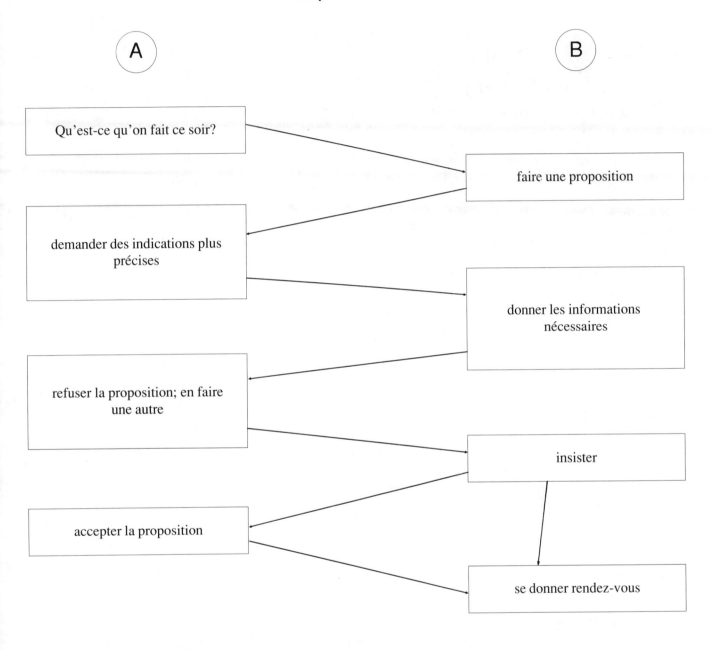

A   B

Qu'est-ce qu'on fait ce soir?

faire une proposition

demander des indications plus précises

donner les informations nécessaires

refuser la proposition; en faire une autre

insister

accepter la proposition

se donner rendez-vous

Moyens linguistiques: Tu n'as pas/Vous n'avez pas envie de ...?
On ne pourrait pas ...
Si on allait ...
Bof - moi, je préfère/préférerais ...
Mais écoute(z), j'ai tellement envie de ...
j'y tiens, c'est tellement ...
Mais on dit que c'est vraiment ...
Ah, fais un effort, je voudrais vraiment ...
Bon, alors, si tu veux/vous voulez ...
Bon, puisque vous insistez ...

34A

Parler inventions et découvertes

1. Inventions

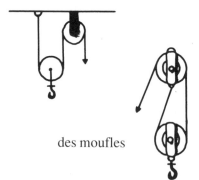

des moufles

Moyens linguistiques:
A: Quand est-ce que le papier a été inventé? -   B: ...   Quand est-ce qu'on a inventé le papier?
A: Par qui?/ Et qui l'a inventé? -   B: ...

Invention	Date	Inventeur
la machine à additionner	3000 av. J. - C.	Nobel
le tramway	250 av. J. - C.	Henlein
le bateau à voiles	1er siècle	Montgolfier
la machine à vapeur	1510	les Egyptiens
l'écriture pour les aveugles	1641	Ts'ai-Lun
la moufle/le palan	1765	Braille
la dynamite	1783	Archimède
la montre de poche	1825	Siemens
le papier	1837	Watt
le ballon à air chaud	1867	Pascal
la photographie	1881	Daguerre

2. Découvertes

Découverte	Date	Découvreur/euse Explorateur/trice
les mouvements moléculaires	600 av. J. - C.	Koch
l'Alaska	vers 1000	Fleming
la pénicilline	1605	Pascal
la radioactivité artificielle	1647	Jansz
le magnétisme	1741	Marie Curie
l'Amérique du Nord	1771	Thales
le bacille de la tuberculose	1827	Scheele
l'Australie	1882	Leif Eriksson
l'oxygène	1896	Becquerel
la loi des vases communicants	1910	Brown
la radioactivité naturelle	1928	Bering/Steller

Parler inventions et découvertes

1. Inventions

> *Moyens linguistiques:*
>
> A: Quand est-ce que le papier a été inventé? -   B: ...
>   Quand est-ce qu'on a inventé le papier?
>
> A: Par qui?/ Et qui l'a inventé? -   B: ...

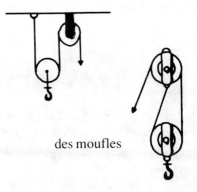

des moufles

Invention	Date	Inventeur
la machine à additionner	3000 av. J. - C.	Nobel
le tramway	250 av. J. - C.	Henlein
le bateau à voiles	1er siècle	Montgolfier
la machine à vapeur	1510	les Egyptiens
l'écriture pour les aveugles	1641	Ts'ai-Lun
la moufle/le palan	1765	Braille
la dynamite	1783	Archimède
la montre de poche	1825	Siemens
le papier	1837	Watt
le ballon à air chaud	1867	Pascal
la photographie	1881	Daguerre

2. Découvertes

Découverte	Date	Découvreur/euse Explorateur/trice
les mouvements moléculaires	600 av. J. - C.	Koch
l'Alaska	vers 1000	Fleming
la pénicilline	1605	Pascal
la radioactivité artificielle	1647	Jansz
le magnétisme	1741	Marie Curie
l'Amérique du Nord	1771	Thales
le bacille de la tuberculose	1827	Scheele
l'Australie	1882	Leif Eriksson
l'oxygène	1896	Becquerel
la loi des vases communicants	1910	Brown
la radioactivité naturelle	1928	Bering/Steller

Parler inventions et découvertes

1. Inventions

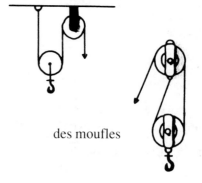

des moufles

Moyens linguistiques:
A: Quand est-ce que le papier a été inventé? -   B: ...   Quand est-ce qu'on a inventé le papier?
A: Et par qui?/ Et qui l'a inventé? -   B: ...

Invention	Date	Inventeur
la machine à additionner	3000 av. J. - C.	Nobel
le tramway	250 av. J. - C.	Henlein
le bateau à voiles	1er siècle	Montgolfier
la machine à vapeur	1510	les Egyptiens
l'écriture pour les aveugles	1641	Ts'ai-Lun
la moufle/le palan	1765	Braille
la dynamite	1783	Archimède
la montre de poche	1825	Siemens
le papier	1837	Watt
le ballon à air chaud	1867	Pascal
la photographie	1881	Daguerre

2. Découvertes

Découverte	Date	Découvreur/euse Explorateur/trice
les mouvements moléculaires	600 av. J. - C.	Koch
l'Alaska	vers 1000	Fleming
la pénicilline	1605	Pascal
la radioactivité artificielle	1647	Jansz
le magnétisme	1741	Marie Curie
l'Amérique du Nord	1771	Thales
le bacille de la tuberculose	1827	Scheele
l'Australie	1882	Leif Eriksson
l'oxygène	1896	Becquerel
la loi des vases communicants	1910	Brown
la radioactivité naturelle	1928	Bering/Steller

Parler inventions et découvertes

1. Inventions

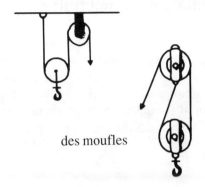

des moufles

> *Moyens linguistiques:*
>
> A: Quand est-ce que le papier a été inventé? -   B: ...
>   Quand est-ce qu'on a inventé le papier?
>
> A: Et par qui?/ Et qui l'a inventé? -   B: ...

Invention	Date	Inventeur
la machine à additionner	3000 av. J. - C.	Nobel
le tramway	250 av. J. - C.	Henlein
le bateau à voiles	1er siècle	Montgolfier
la machine à vapeur	1510	les Egyptiens
l'écriture pour les aveugles	1641	Ts'ai-Lun
la moufle/le palan	1765	Braille
la dynamite	1783	Archimède
la montre de poche	1825	Siemens
le papier	1837	Watt
le ballon à air chaud	1867	Pascal
la photographie	1881	Daguerre

2. Découvertes

Découverte	Date	Découvreur/euse Explorateur/trice
les mouvements moléculaires	600 av. J. - C.	Koch
l'Alaska	vers 1000	Fleming
la pénicilline	1605	Pascal
la radioactivité artificielle	1647	Jansz
le magnétisme	1741	Marie Curie
l'Amérique du Nord	1771	Thales
le bacille de la tuberculose	1827	Scheele
l'Australie	1882	Leif Eriksson
l'oxygène	1896	Becquerel
la loi des vases communicants	1910	Brown
la radioactivité naturelle	1928	Bering/Steller

Une villa a été cambriolée

Hier soir, un cambriolage s'est produit dans la villa du Président. La police, arrivée rapidement sur les lieux, a cherché à établir ce que le cambrioleur a emmené.
Peu de temps après est arrivé également le détective du Président. Il a soigneusement examiné l'état des lieux.
Or, les observations du détective et de la police divergent, si bien qu'ils sont obligés d'échanger leurs informations.

Vous êtes policier. Vous posez des questions à votre partenaire (détective) et vous marquez d'une croix ses réponses.

Moyens linguistiques:	(Est-ce que) la porte a été ouverte par effraction?
	(Est-ce qu') on a ouvert la porte par effraction?
	(Est-ce qu') une clé a été utilisée?

		Oui	Non
porte	ouverte		
clé	utilisée		
vitre	brisée		
tiroirs	forcés		
argent	volé		
disques	dérobés		
ligne téléphonique	coupée		
affiches	déchirées		
meubles	dérangés		
bijoux	dérobés		
coffre-fort	percé		
serviette	volée		
fenêtre	ouverte		
courant électrique	coupé		
chien	endormi		

| *Questions:* | Comment le cambrioleur a-t-il pénétré dans la maison? |
| | Qu'est-ce qu'il a volé? |

Une villa a été cambriolée

Hier soir, un cambriolage s'est produit dans la villa du
Président. La police, arrivée rapidement sur les lieux, a
cherché à établir ce que le cambrioleur a emmené.
Peu de temps après est arrivé également le détective du
Président. Il a soigneusement examiné l'état des lieux.
Or, les observations du détective et de la police divergent,
si bien qu'ils sont obligés d'échanger leurs informations.

Vous êtes policier. Vous posez des questions à votre partenaire (détective) et vous marquez d'une croix ses réponses.

Moyens linguistiques: (Est-ce que) la porte a été ouverte par effraction?
(Est-ce qu') on a ouvert la porte par effraction?
(Est-ce qu') une clé a été utilisée?

		Oui	Non
porte	ouverte		
clé	utilisée		
vitre	brisée		
tiroirs	forcés		
argent	volé		
disques	dérobés		
ligne téléphonique	coupée		
affiches	déchirées		
meubles	dérangés		
bijoux	dérobés		
coffre-fort	percé		
serviette	volée		
fenêtre	ouverte		
courant électrique	coupé		
chien	endormi		

Questions: Comment le cambrioleur a-t-il pénétré dans la maison?
Qu'est-ce qu'il a volé?

Parler d'éducation

Un jour, vous aurez peut-être des enfants et vous avez sans doute déjà réfléchi sur l'éducation de vos enfants. Qu'est-ce que vous ferez si vous avez des enfants? Répondez d'abord en quelques mots aux questions proposées, ensuite posez les mêmes questions à votre partenaire. (Bien sûr, vous n'êtes pas obligé de dire la vérité, mais peut-être que cet exercice vous amènera à réfléchir sur des questions auxquelles vous n'avez pas encore pensé.)

	vous	partenaire
1. Vous serez sévère?		
2. Vous fouetterez vos enfants s'il est nécessaire?		
3. Vous aiderez vos enfants à faire leurs devoirs?		
4. Vous vous promènerez avec vos enfants?		
5. A quelle heure est-ce que vous direz à vos enfants d'aller se coucher?		
6. Vous leur ferez beaucoup de cadeaux?		
7. Vous discuterez avec vos enfants?		
8. Vous leur donnerez une éducation sexuelle?		
9. Comment punirez-vous vos enfants?		
10. Vous aurez le temps de vous occuper de vos enfants?		
11. Faut-il laisser faire aux enfants ce qu'ils veulent ou les soumettre à une discipline?		
12. Qu'est-ce vous interdirez de faire à vos enfants?		
13. Faut-il gâter les enfants de temps en temps?		
14. Est-ce que vos enfants devront vous aider à la maison?		

En comparant avec l'éducation que vous avez reçue, qu'est-ce que vous feriez différemment? Qu'est-ce que vous feriez comme vos parents?

Parler d'éducation

Un jour, vous aurez peut-être des enfants et vous avez sans doute déjà réfléchi sur l'éducation de vos enfants. Qu'est-ce que vous ferez si vous avez des enfants? Répondez d'abord en quelques mots aux questions proposées, ensuite posez les mêmes questions à votre partenaire. (Bien sûr, vous n'êtes pas obligé de dire la vérité, mais peut-être que cet exercice vous amènera à réfléchir sur des questions auxquelles vous n'avez pas encore pensé).

	vous	partenaire
1. Vous serez sévère?		
2. Vous fouetterez vos enfants s'il est nécessaire?		
3. Vous aiderez vos enfants à faire leurs devoirs?		
4. Vous vous promènerez avec vos enfants?		
5. A quelle heure est-ce que vous direz à vos enfants d'aller se coucher?		
6. Vous leur ferez beaucoup de cadeaux?		
7. Vous discuterez avec vos enfants?		
8. Vous leur donnerez une éducation sexuelle?		
9. Comment punirez-vous vos enfants?		
10. Vous aurez le temps de vous occuper de vos enfants?		
11. Faut-il laisser faire aux enfants ce qu'ils veulent ou les soumettre à une discipline?		
12. Qu'est-ce vous interdirez de faire à vos enfants?		
13. Faut-il gâter les enfants de temps en temps?		
14. Est-ce que vos enfants devront vous aider à la maison?		

En comparant avec l'éducation que vous avez reçue, qu'est-ce que vous feriez différemment? Qu'est-ce que vous feriez comme vos parents?

37A

Parler de son enfance

L'éducation

Comment était-ce dans votre enfance? Vous en souvenez-vous encore? Répondez d'abord en quelques mots aux questions, et posez ensuite les mêmes questions à votre partenaire. Bien sûr, vous n'êtes pas obligé de dire la vérité, mais d'autre part, cela vous fera peut-être réfléchir à des questions que vous ne vous êtes pas encore posées ...

	vous	partenaire
1. Vos parents étaient-ils sévères?		
2. Vos parents vous fouettaient?		
3. Vos parents vous aidaient à faire vos devoirs?		
4. Où alliez-vous vous promener avec vos parents?		
5. A quelle heure deviez-vous aller au lit?		
6. Quels cadeaux receviez-vous pour votre anniversaire?		
7. Vos parents discutaient-ils souvent avec vous? De quels sujets?		
8. Pouvait-on leur parler de sexualité?		
9. Quelle punition vous donnait-on?		
10. Vos parents avaient-ils le temps de s'occuper de vous?		
11. Est-ce que vos parents essayaient de vous comprendre?		
12. Qu'est-ce qu'il était défendu de faire à table?		
13. Est-ce qu'on vous gâtait?		
14. Qu'est-ce que vous deviez faire à la maison?		

Que pensez-vous de l'éducation que vous avez reçue? Que feriez-vous différemment aujourd'hui?

Parler de son enfance

L'éducation

Comment était-ce dans votre enfance? Vous en souvenez-vous encore? Répondez d'abord en quelques mots aux questions, et posez ensuite les mêmes questions à votre partenaire. Bien sûr, vous n'êtes pas obligé de dire la vérité, mais d'autre part, cela vous fera peut-être réfléchir à des questions que vous ne vous êtes pas encore posées ...

	vous	partenaire
1. Vos parents étaient-ils sévères?		
2. Vos parents vous fouettaient?		
3. Vos parents vous aidaient à faire vos devoirs?		
4. Où alliez-vous vous promener avec vos parents?		
5. A quelle heure deviez-vous aller au lit?		
6. Quels cadeaux receviez-vous pour votre anniversaire?		
7. Vos parents discutaient-ils souvent avec vous? De quels sujets?		
8. Pouvait-on leur parler de sexualité?		
9. Quelle punition vous donnait-on?		
10. Vos parents avaient-ils le temps de s'occuper de vous?		
11. Est-ce que vos parents essayaient de vous comprendre?		
12. Qu'est-ce qu'il était défendu de faire à table?		
13. Est-ce qu'on vous gâtait?		
14. Qu'est-ce que vous deviez faire à la maison?		

Que pensez-vous de l'éducation que vous avez reçue? Que feriez-vous différemment aujourd'hui?

Exprimer sa sympathie / proposer son aide

> *Moyens linguistiques:*
>
> – Oh! Cela me fait de la peine.
> – J'en suis désolé/navré. /Je vous plains vraiment.
> – Cela m'est arrivé aussi./Ça peut arriver à tout le monde.
> – Je connais ça.
> – Mais ce n'est pas si grave!
> – Ne t'en fais pas. /Ne vous en faites pas.
> – Je peux vous/t'aider?/Si je peux vous/t'aider, vous n'avez/tu n'as qu'à me le dire.

Situations 1 et 3

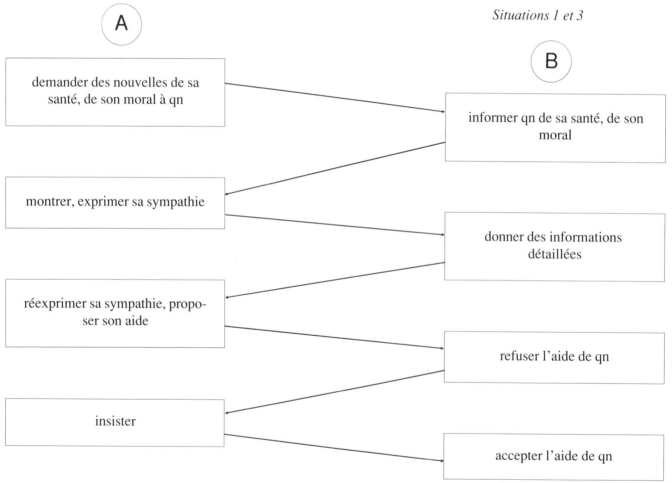

A

- demander des nouvelles de sa santé, de son moral à qn
- montrer, exprimer sa sympathie
- réexprimer sa sympathie, proposer son aide
- insister

B

- informer qn de sa santé, de son moral
- donner des informations détaillées
- refuser l'aide de qn
- accepter l'aide de qn

Situation 1:

Vous aviez l'intention de rendre visite à votre famille ce week-end et vouliez partir vendredi. Malheureusement, vous avez raté le dernier train et vous êtes obligé d'attendre jusqu'au lendemain matin. C'est très désagréable, car on vous attend pour discuter d'une affaire familiale et votre famille n'a pas le téléphone.

Situation 3:

Vous avez raté l'examen du permis de conduire pour la deuxième fois. Ça vous a coûté très cher et on va certainement se moquer de vous. »Il/Elle ne l'aura jamais«, dira-t-on. Que faire?

Exprimer sa sympathie / proposer son aide

Moyens linguistiques:

– Oh! Cela me fait de la peine.
– J'en suis désolé/navré. /Je vous plains vraiment.
– Cela m'est arrivé aussi./Ça peut arriver à tout le monde.
– Je connais ça.
– Mais ce n'est pas si grave!
– Ne t'en fais pas. /Ne vous en faites pas.
– Je peux vous/t'aider?/Si je peux vous/t'aider, vous n'avez/tu n'as qu'à me le dire.

Situations 2 et 4

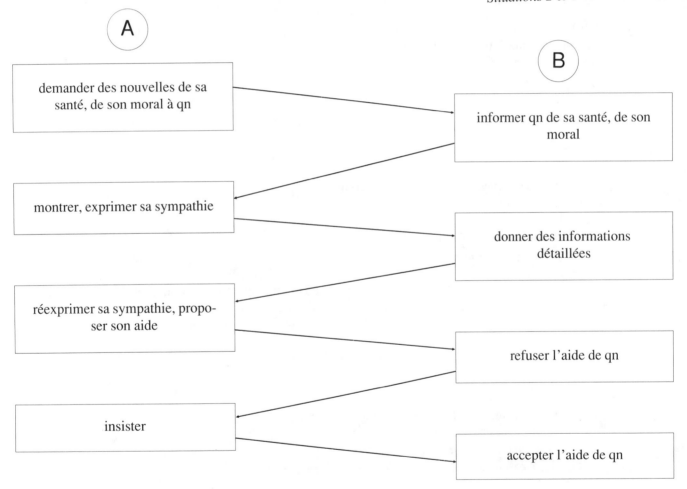

A

demander des nouvelles de sa santé, de son moral à qn

montrer, exprimer sa sympathie

réexprimer sa sympathie, proposer son aide

insister

B

informer qn de sa santé, de son moral

donner des informations détaillées

refuser l'aide de qn

accepter l'aide de qn

Situation 2:

Vous êtes furieux: vous avez perdu votre porte-monnaie dans lequel il y avait beaucoup d'argent. Vous vouliez acheter une machine à laver à votre mère pour ses 60 ans. Cela représentait toutes vos économies.

Situation 4:

Votre chat, votre meilleur ami, s'est sauvé! En rentrant chez vous hier soir, vous avez remarqué que vous aviez oublié de fermer une fenêtre au rez-de-chaussée. Maintenant, vous êtes seul(e).

Savoir lire les petites annonces et dépeindre une personne

»Cherche partenaire pour temps libre ...«

I. *Vous vous entendez très bien avec tout le monde. Vous cherchez un(e) partenaire pour vos loisirs. Vous préférez la compagnie de gens qui ne parlent pas beaucoup. Vous aimez la musique, jouez de la flûte et aimez aussi la photographie. La télévision et le cinéma vous intéressent moins. Parfois, vous aimez faire des excursions. Racontez tout cela à votre partenaire et demandez-lui s'il connaît quelqu'un qui vous conviendrait. Notez le numéro de téléphone de la personne qui vous plaît.*

II. *Votre partenaire cherche quelqu'un pour des week-ends. Ecoutez la description qu'il fait de lui-même et le portrait de la personne qu'il cherche. Lisez les petites annonces, déchiffrez-les et racontez à votre partenaire tout ce que vous savez des six personnes:*

1
> JF 19 a. 1,71 m blde, tr. jeune, inform., aime nature, ski, musique class. et rock, voyages, intell., ch. partenaire pr. week-ends.
> Tél. (dim.) 77-28-93-29

2
> JH 18 a. tr. b. phys., grd, tendre, disting., ch. compagn. de qualité, aimant soirées tranqu., jeux. S'adr. 09-61-42-15 (apr. 19 h.)

3
> H 46 a., charm., sympa, prof. libérale, sportif, aimant sortir (théâtre, ciné, voyag.), ms aussi lect. & disc., ch. part. même a.
> Tel. 19-00-54 (dem. Sylvain)

4
> F. 37 a., phys. agréable, passionnée, aim. H. Miller, Hemingway, Tournier, la danse et les îles, intell., ch. son pendant, âge indif., s'intér. à méditation transcendentale, aim. chiens.
> Tél. le matin au 33-24-89-85

5
> Ing. 50 a., 1,78m, sportif, dynam., sentim., aisé, aimant mus., nat., valeurs vraies, ch. parten. env. même a. pr. jeux, tours en vélo.
> Tél. 42-33-28-00

6
> F 33 a., ouverte, décontr., solit., aim. nature, danse, souh. H patient, intér., pr. loisirs.
> Tél. 36-15-18-25

Abréviations: H = homme, F = femme, J = jeune;
a. = âge/ans, grd(e) = grand(e), aim. = aimant, intér. = intéressant(e), intéressé(e), pr. = pour, ch. = cherche, bcp = beaucoup, ms = mais

Savoir lire les petites annonces et dépeindre une personne

»Cherche partenaire pour temps libre ...«

I. *Votre partenaire cherche quelqu'un pour ses loisirs. Ecoutez-le/la faire son portrait et celui du/de la partenaire qu'il/elle cherche. Déchiffrez les petites annonces et racontez à votre partenaire tout ce que vous savez des six personnes:*

1   JF 41 a., bien, sérieuse, élég., non-fum., souh. conn. âme sœur, aim. photogr., peinture mod., humour. Tél. apr. 21 h 25-09-85-33

2   F cinq. 3e printemps en vue, trs. active, entrepren., ch. part. pr. journées photogr. (architecture, enfants, animaux). Préf. part. équilibré, aim. disc. animées. Tél. le matin au 21-66-73-49

3   JF un peu fofolle, ouverte, tolér., aim. sport, mus. rock & danse, ch. JH sympa, ouvert, très patient, aim. ciné, concerts rock, discos. Tél. (jour et nuit) 28-36-75-10

4   JH mélanc., sympa, renc. pr. temps libre parten. tolér., intell. & libér. aim. mus. class. et peint. romant. Tél. au 39-64-22-16

5   H âge moyen, bien, aisé, ch. partenaire aimant télé, cartes, randonnées week-ends. Tél. au 31-28-57-40 av. 17 h. ou 29-21-35-68 le soir.

6   JH un peu égotiste, intér. photos, hockey s. glace, timbres (gde. coll.) ch. parten. très tolér. sach. écouter et partager mêmes intér. Téléph. au 43-44-32-10 (pas av. 11 h)

II. *Vous cherchez un(e) partenaire pour vos loisirs. Vous avez des intérêts divers, vous aimez vous promener et voyager. Vous aimez les discussions, mais pas chez vous. Vous êtes plutôt calme, et le sport ne vous intéresse pas du tout. Racontez tout cela à votre partenaire et demandez-lui de vous dire qui correspondrait le mieux à votre personnalité. Notez les numéros de téléphone de la personne - homme ou femme - qui vous plaît le plus.*

Abréviations: H = homme, F = femme, J = jeune
           a. =âge/ans, grd(e) = grand(e), aim. = aimant, intér. = intérêt, intéressé(e), intéressant(e), pr = pour, ch. = cherche, ms = mais

Au garage

Scène 1:

Vous travaillez dans un garage. Un(e) client(e) vient chercher la 2CV que vous venez de réparer: les freins ne marchaient pas. Vous les avez réparés et fait l'échange standard[1] du moteur. Le nouveau moteur coûte 4.215 francs, ce qui fait au total 4.811 francs.

Votre partenaire est le/la client(e).

Scène 2:

Vous arrivez au garage pour reprendre votre R5 que vous avez fait réparer: les essuie-glaces ne fonctionnaient plus. La R5 est presque neuve et vous avez encore onze mois de garantie.

Votre partenaire travaille au garage.

Scène 3:

Vous travaillez dans un garage. Un(e) client(e) vient chercher sa DS. Il/Elle vous avait dit que le moteur faisait un drôle de bruit. Vous aussi, vous entendez ce bruit. Pour l'avoir constaté, vous demandez 345 francs.

Votre partenaire est le/la client(e).

Scène 4:

Vous allez au garage reprendre votre Peugeot 305. La batterie n'est pas usée car les phares fonctionnent. Il y a aussi suffisamment d'huile.

Votre partenaire est le/la mécanicien(ne).

---

[1] échange d'une pièce usée contre une autre du même modèle, rénovée

92

Au garage

Scène 1:

Vous arrivez au garage pour reprendre votre 2CV: vous avez fait réparer les freins qui ne fonctionnaient plus. Le mécanicien vous avait dit que cela coûterait environ 900 francs.

Votre partenaire travaille au garage.

Scène 2:

Vous travaillez dans un garage. Un(e) client(e) vient chercher sa R5. Les essuie-glaces ne fonctionnaient plus. Cependant, il y a un petit problème: Un mécanicien a fait un tour avec la voiture réparée et a eu un accident. La voiture est très abîmée. Une réparation coûterait environ 22 000 francs.

Scène 3:

Vous arrivez au garage pour reprendre votre DS. Le moteur faisait des drôles de bruits. Le mécanicien devait en trouver l'origine.
Ça fait deux semaines que vous l'aviez portée.

Votre partenaire est le/la mécanicien(ne).

Scène 4:

Vous travaillez dans un garage. Un(e) client(e) vient chercher sa Peugeot 305 qui ne marchait plus. Vous avez tout examiné, démonté le moteur, etc. et enfin vous avez trouvé la panne: il n'y avait plus d'essence. Vous avez travaillé cinq heures, à 137 francs l'heure, ce qui fait une note de 685 francs.

Votre partenaire est le/la client(e).

Discuter et convaincre qn

Dans une discussion avec quelqu'un, vous pouvez employer ces tournures:

- Je suis d'avis que…
- A mon avis, il faut/faudrait…
- Moi, je trouve que…
- D'après ce que je sais…
- Moi, les/le/la…., c'est toujours pareil.
- Non, alors là, je ne suis pas d'accord…
- Non, je ne suis pas de ton/votre avis…
- Mais écoute(z), il faut penser à/au(x)…
- (Je ne suis pas) d'accord…
- Mais voyons, il est évident que…
- Mais tout le monde est du même avis!

1. *Essayez de convaincre votre partenaire de la nécessité de renvoyer tous les ouvriers immigrés chez eux.*
   Voici vos arguments:

   - pas assez d'emplois
   - pas assez d'appartements à bas loyers
   - mentalité trop différente
   - ne veulent pas s'adapter
   - agressivité, criminalité
   - bruit, manque d'hygiène, viols
   - trop d'enfants ⟶ trop d'allocations familiales: trop cher
   - enfants étrangers dans nos écoles ⟶ baisse du niveau

2. *Vous trouvez que les bistros et les cafés sont une nécessité.*
   Vos arguments sont les suivants:

   - Les gens vont prendre l'apéritif, bavardent, jouent aux cartes;
   - on y fait parfois des connaissances;
   - les pères de famille laissent leur agressivité au bistro, et la vie familiale s'améliore;
   - l'alcool rend les gens bavards.

   Si vous avez encore d'autres arguments, donnez-les.

Discuter et convaincre qn

Dans une discussion avec quelqu'un, vous pouvez employer ces tournures:

- Je suis d'avis que…
- A mon avis, il faut/faudrait…
- Moi, je trouve que…
- D'après ce que je sais…
- Moi, les/le/la...., c'est toujours pareil.
- Non, alors là, je ne suis pas d'accord…
- Non, je ne suis pas de ton/votre avis…
- Mais écoute(z), il faut penser à/au(x)…
- (Je ne suis pas) d'accord…
- Mais voyons, il est évident que…
- Mais tout le monde est du même avis!

1. *Vous trouvez que les ouvriers immigrés sont indispensables à la société de votre pays. Essayez d'en convaincre votre partenaire.*
   Voici vos arguments:

   - sans ouvriers immigrés, paralysie dans plusieurs branches de l'économie: services publics (nettoiement), gastronomie, chaînes de montage, etc.
   - les ouvriers immigrés font les travaux bas
   - immigrés habitent dans des maisons délabrées, ont des appartements où les autres ne voudraient pas vivre
   - apports d'une autre culture: cuisine, musique, danses
   - société multi-culturelle plus intéressante
   - voyages à l'étranger pour connaître d'autres cultures - alors pourquoi ne pas les étudier dans son propre pays
   - criminalité pas plus grande que sans les immigrés; avec une formation, on évite la criminalité des jeunes étrangers
   - musulmans par ex. très propres (lavages prescrits)
   - pas d'enfants - pas de retraite!
   - nombreux enfants - emplois pour les instituteurs et professeurs.

2. *Essayez de convaincre votre partenaire que les bistros et les cafés sont nuisibles.*
   Voici vos arguments:

   - les gens consomment, ne produisent pas
   - les maris y dépensent leur paye
   - machines à sous pour les jeunes, une véritable drogue
   - air vicié, bruit et agressivité
   - destruction des cellules familiales
   - l'alcoolisme mène à la criminalité

Si vous avez d'autres arguments, donnez-les.

Surprises désagréables

Scène 1:

Vous travaillez dans une blanchisserie. Un(e) client(e) vient chercher son blouson en cuir noir. Il/elle avait demandé un nettoyage à sec. Mais, comme le blouson était très sale, vous avez fait faire un nettoyage spécial, qui coûte malheureusement 150 francs.

Votre partenaire est le/la client(e).

Scène 2:

Vous travaillez à la réception d'un grand hôtel. Un(e) client(e) demande la facture. L'ordinateur indique que le/la client(e) a pris trois bouteilles de bière dans le mini-bar de sa chambre. Toutes les opérations au mini-bar sont contrôlées par ordinateur.

Votre partenaire est le/la client(e).

Scène 3:

Il fait nuit. Vous roulez en voiture sur une route déserte. Tout à coup, vous voyez derrière vous une voiture qui s'approche et reste derrière vous. Vous avez peur et accélérez. La voiture vous suit jusqu'au prochain village où elle vous dépasse. Quelqu'un vous fait signe de vous arrêter - c'est la police.

Votre partenaire est l'agent de police.

Scène 4:

Vous travaillez à la réception d'un hôtel. La veille, un(e) client(e) vous avait demandé de le/la réveiller à 5 heures. Vous avez laissé sonner le téléphone 12 fois, et finalement, on vous a répondu. Une voix a dit: ‹Merci.›

Votre partenaire est le/la client(e).

Surprises désagréables

Scène 1:

Vous allez à la blanchisserie chercher votre blouson en cuir noir. On vous rend le blouson toujours aussi sale.

Votre partenaire travaille à la blanchisserie.

Scène 2:

Vous avez passé une nuit à l'hôtel. Le lendemain, on vous donne la facture, et vous constatez qu'on vous a compté trois bières prises au mini-bar de votre chambre. Vous n'avez rien pris car vous ne buvez pas d'alcool.

Votre partenaire est le/la caissier/ère de l'hôtel.

Scène 3:

Il fait nuit. Vous êtes agent de police et vous roulez sur une route déserte, en pleine campagne. Devant vous, vous voyez une voiture qui roule très lentement et qui vous semble suspecte. Vous vous approchez de la voiture. Le conducteur accélère. Au village suivant, vous dépassez la voiture et l'arrêtez. Vous dites au chauffeur qu'il roulait à 197 km/h sur une route où il ne fallait pas dépasser 90 km/h.

Votre partenaire est le chauffeur.

Scène 4:

Vous êtes en vacances. C'est votre dernier jour - le lendemain il faut vous lever de très bonne heure pour prendre l'avion. Vous demandez à la réception de vous réveiller.
Le lendemain, vous vous réveillez à 9 heures du matin. L'avion est parti - vous êtes obligé de prendre un vol à plein tarif ce qui vous coûte très cher.

Votre partenaire travaille à la réception.

43A

Définir ses buts et ses intentions

Un cambriolage a eu lieu au 17, avenue des tilleuls, chez le banquier Gaspard. Cependant, le scénario ne s'est pas déroulé comme prévu, de sorte que l'auteur du cambriolage, le célèbre Jojo-le-Cambrio, s'est retrouvé en prison. Personne ne sait exactement ce qui s'est passé et ce que le cambrioleur cherchait. Pour connaître toutes les circonstances du cambriolage, il faudrait que vous preniez contact avec votre partenaire qui sait probablement ce que vous ne savez pas. Alors, posez-lui des questions et répondez aux siennes.

Pour les réponses, employez ou *pour* avec l'infinitif ou bien *pour que* avec le subjonctif!

Exemple: – Pourquoi est-ce que Jojo a commis ce cambriolage?
             – Parce qu'il voulait vivre sans travailler. ⟶
             – *Pour pouvoir vivre* sans travailler.
             – Pourquoi est-ce que M. Gaspard a laissé la lumière allumée?
             – Les gens devaient croire qu'il était chez lui. ⟶ *Pour que les gens croient* qu'il était chez lui.

Q.: Pourquoi a-t-il garé sa voiture rue de Cambrai?
Q.: Pourquoi est-il venu en chaussures de sport?
R.: Il voulait vaincre sa peur. ⟶ Pour....
R.: Le chien devait être occupé. ⟶ ?
Q.: Pourquoi a-t-il mis des gants pour travailler?
Q.: Pourquoi a-t-il coupé le fil du téléphone?
R.: Il ne voulait pas avoir à allumer la lumière. ⟶
R.: Les passants ne devaient rien voir. ⟶
Q.: Pourquoi portait-il un masque?
Q.: Pourquoi a-t-il tout remis à sa place avant de quitter les lieux?
R.: La police devait croire que c'était une femme. ⟶
R.: Jojo ne devait pas garder tout le butin. ⟶
R.: Jojo voulait garder tout l'argent à lui. ⟶
Q.: Pourquoi est-ce que la police a fait marcher la radio très fort chez les voisins?
R.: Il voulait se cacher. ⟶
Q.: Pourquoi est-ce qu'un policier s'est caché dans l'armoire?

Maintenant, essayez de raconter toute l'histoire telle qu'elle s'est passée.

Définir ses buts et ses intentions

Un cambriolage a eu lieu au 17, avenue des tilleuls, chez le banquier Gaspard. Cependant, le scénario ne s'est pas déroulé comme prévu, de sorte que l'auteur du cambriolage, le célèbre Jojo-le-Cambrio, s'est retrouvé en prison. Personne ne sait exactement ce qui s'est passé et ce que le cambrioleur cherchait. Pour connaître toutes les circonstances du cambriolage, il faudrait que vous preniez contact avec votre partenaire qui sait probablement ce que vous ne savez pas. Alors, posez-lui des questions et répondez aux siennes.

Pour les réponses, employez ou *pour* avec l'infinitif ou bien *pour que* avec le subjonctif!

Exemple: – Pourquoi est-ce que Jojo a commis ce cambriolage ?
              – Parce qu'il voulait vivre sans travailler. ⟶
                Pour pouvoir vivre sans travailler.
              – Pourquoi est-ce que M. Gaspard a laissé la lumière allumée?
              – Les gens devaient croire qu'il était chez lui. ⟶ *Pour que les gens croient* qu'il était chez lui.

R.: Le bruit du moteur ne devait pas réveiller les voisins. ⟶
R.: Il voulait pouvoir retourner à sa voiture très vite. ⟶
Q.: Pourquoi a-t-il bu de l'eau-de-vie devant la maison?
Q.: Dans quel but a-t-il apporté deux kilos de viande?
R.: Il ne voulait pas laisser d'empreintes digitales. ⟶
R.: Personne ne devait avoir la possibilité d'appeler la police. ⟶
Q.: Pourquoi a-t-il apporté une bougie?
Q.: Pourquoi a-t-il fermé les volets?
R.: Il ne voulait pas être reconnu. ⟶
R.: Personne ne devait remarquer le cambriolage. ⟶
Q.: Dans quel but est-ce qu'il s'est parfumé?
Q.: Pourquoi est-ce que son complice a averti la police?
Q.: Pourquoi est-ce que Jojo a fait le cambriolage sans son complice?
R.: Jojo devait croire qu'on ne l'entendait pas. ⟶
Q.: Pourquoi est-ce que Jojo a ouvert l'armoire lorsqu'on a sonné l'alarme?
R.: Jojo ne devait plus pouvoir s'enfuir après avoir déclenché l'alarme. ⟶

Maintenant essayez de raconter toute l'histoire telle qu'elle s'est passée.

Exprimer certitude, possibilité, doute et supposition

Voici différentes personnes. En bas de la page, vous trouvez quelques questions qui se réfèrent à ces personnes. Posez-les à votre partenaire et donnez aussi votre opinion. Ensuite, répondez aux questions que vous posera votre partenaire.

Moyens linguistiques:

– Oui, je crois que…/Non, je ne crois pas que…
– Oui, je pense que…/Non, je ne pense pas que…
– Oui, il me semble que…/Non, il me semble que…
– Oui/Non, je suis sûr(e) que…
– Eh bien, moi, je doute fort que…
– Moi, je dirais que…
– Oui, peut-être qu'il/elle…

M. et Mme Gourbin

M. et Mme Dupailler

Mme Tigana et ses enfants
Daniel, Magali et Sylvain

M. Levalois

André et Solange

Monsieur Casanova

– Est-ce que Monsieur Dupailler pense à son voyage de noces?
– Est-ce que Solange est la sœur d'André?
– Est-ce que Mme Tigana désire avoir d'autres enfants?
– Est-ce que les femmes aiment Monsieur Casanova?
– Est-ce que Monsieur Levalois est professeur de sociologie?
– Est-ce que Mme Gourbin prépare toujours les repas de son mari?
– Est-ce que Magali fume?
– Est-ce que Monsieur Levalois est le père de Daniel et Sylvain?
– Est-ce que M. et Mme Dupailler se marient pour faire plaisir à leurs parents?

Exprimer certitude, possibilité, doute et supposition

Voici différentes personnes. En bas de la page, vous trouvez quelques questions qui se réfèrent à ces personnes. Posez-les à votre partenaire et donnez aussi votre opinion. Ensuite, répondez aux questions que vous posera votre partenaire.

Moyens linguistiques:

– Oui, je crois que…/Non, je ne crois pas que…
– Oui, je pense que…/Non, je ne pense pas que…
– Oui, il me semble que…/Non, il me semble que…
– Oui/Non, je suis sûr(e) que…
– Eh bien, moi,   je doute fort que…
– Moi, je dirais que…
– Oui, peut-être qu'il/elle…

M. et Mme Gourbin

M. et Mme Dupailler

Mme Tigana et ses enfants
Daniel, Magali et Sylvain

M. Levalois

André et Solange

Monsieur Casanova

– Est-ce que Mme Dupailler ne fait que penser aux repas à préparer?
– Est-ce que M. Levalois est contre l'expulsion des ouvriers immigrés?
– Est-ce que Monsieur Gourbin aime la soupe?
– Est-ce que Mme Dupailler est embarrassée?
– Est-ce que vous pensez/tu penses que Solange et André veulent se marier?
– Est-ce que Mme Tigana est mariée?
– Est-ce que Monsieur Gourbin sait faire la cuisine?
– Est-ce que Monsieur Casanova est marié?
– Est-ce qu' André est riche?

Se mettre à la place de quelqu'un

Eve-Marie Ducrot, 33 ans, professeur de mathématiques et de physique, a décidé de renoncer à la sécurité que lui donne un poste de fonctionnaire et de recommencer une nouvelle vie.

Elle menait une vie aisée - son père, très riche, lui donnait tous les mois une somme considérable. Elle ne donnait donc que 12 heures de cours par semaine car elle savait qu'elle hériterait de la fortune de son père et qu'elle aurait droit à une retraite. Elle s'était acheté un bel appartement, une grosse voiture, un téléviseur en couleurs, une chaîne hi-fi, un lave-vaisselle et un chien. Une femme de ménage venait s'occuper de son appartement trois fois par semaine.

Et pourtant - un jour, elle en a eu assez de cette vie facile avec tout son confort. Elle a donné son appartement à une famille de réfugiés libanais et son chien à un inspecteur des douanes. Elle a donné sa voiture au proviseur de son école (la sienne étant petite …) et son lave-vaisselle à sa femme de ménage. Sa chaîne hi-fi, elle l'a donnée à une maison de jeunes, et elle a vendu son téléviseur à la section locale du parti communiste.

Puis, elle a fait sa valise, a quitté mari et appartement et a pris l'avion pour l'Amérique Centrale. Maintenant, elle travaille dans une coopérative au Nicaragua.

Elle n'avait parlé à personne de ses projets …

Racontez cette histoire à votre partenaire et demandez-lui ce qu'il/elle aurait fait

- *de sa voiture,*
- *de son chien,*
- *de son téléviseur et sa chaîne hi-fi,*
- *de son lave-vaisselle,*
- *de son appartement,*

s'il/si elle avait aussi eu assez d'une vie facile.

Demandez-lui aussi

- *s'il/si elle aurait quitté son/sa conjoint(e),*
- *s'il/si elle serait aussi parti(e) pour l'Amérique Centrale,*
- *s'il/si elle aurait parlé à qn de ses projets.*

Notez vos réponses (en quelques mots seulement) et racontez aux autres ce que votre partenaire aurait fait.

Se mettre à la place de quelqu'un

Roland Berger, 17 ans, élève de terminale, était à quelques mois du bac. Il avait, jusqu'alors, fait des études assez satisfaisantes - en maths et sciences naturelles, il avait même eu les meilleures notes de sa classe. Il s'intéressait particulièrement à la biologie. A la maison, il avait deux aquariums - l'un avec des poissons exotiques, l'autre, avec des piranhas - un joli vivarium avec un cobra, une belle collection de cactus. Sa bibliothèque contenait une encyclopédie des plantes européennes et des dizaines de livres sur la zoologie et la botanique.
Mais un jour, ça a été comme un coup de foudre: il n'a plus voulu se spécialiser, devenir une 'bête à concours', suivre une carrière. Il a vendu ses poissons exotiques à un marchand de poissons, et pour les piranhas, il a trouvé un beau petit étang au parc municipal. Il a lâché le cobra dans le jardin de son professeur de biologie. Il a fait, avec les cactus, un paquet et les a envoyés à sa vieille tante et a vendu tous ses livres à un antiquaire.
Puis il a quitté l'école, a pris le bateau pour la Nouvelle-Zélande et maintenant, il garde les moutons là-bas.
Il n'avait parlé à personne de ses projets.

Racontez cette histoire à votre partenaire et demandez-lui ce qu'il/elle aurait fait

– *des poissons exotiques*
– *des piranhas*
– *de l'encyclopédie des plantes*
– *du cobra*
– *des cactus*
– *de tous les livres*

si il/elle n'avait plus eu envie de suivre une carrière.

Demandez-lui aussi s'il/si elle

– *aurait quitté l'école juste avant le bac*
– *serait aussi allé(e) en Nouvelle-Zélande*
– *aurait parlé à quelqu'un de ses projets.*

Notez les réponses (en quelques mots seulement) et racontez aux autres ce que votre partenaire aurait fait.

103

Chercher une maison de vacances

1. Vous voulez partir en vacances avec votre famille.

Vous êtes deux adultes et trois enfants de 3,7 et 11 ans. Vous cherchez un appartement, de préférence dans un village de vacances bien aménagé , c'est-à-dire avec restaurant, garderie d'enfants, jeux, location de vélos, terrains de sport, etc.
Vous cherchez un village près de la plage, mais assez calme.
Vous viendrez en voiture, mais pendant les vacances, vous marcherez.
Vous cherchez un appartement avec balcon, dont le prix ne devra pas dépasser 3 000 francs par semaine.
Vous vous adressez donc à une agence immobilière. Votre partenaire y travaille et vous fait des offres.

---

2. Vous travaillez dans une agence immobilière qui vend des maisons de vacances.

Un client (votre partenaire) cherche une maison. Vous lui faites les offres suivantes:

---

fermettes

Dans village tranquille,
maison rurale 2 pièces,
grenier aménageable, jardin
potager, dépendances.
Px 74 000 F
avec seulement
frais de notaire
Crédit possible

Limite Berry-Sologne, maison bourgeoise, toit ardoise, sous-sol, 8 grandes pièces, cheminées marbre, grenier, salle de bains, w. c., chauffage central neuf, rez-de-chaussée à terminer, étage, dépendances, jardin 2500 m^2 clos, pelouse + arbres.

Prix 500 000 F.

Chalets

URGENT cause départ vd à
ST CREPIN
(près Vars), Alpes Haute Provence, **chalet neuf, bois massif, 75 m^2**, tt équipé +gar. sur 800 m^2 de terrain (tennis, pisc. en coprop.), prix 420 000 F.

---

fermettes

LANDES Rte Mont-de-Marsan-Dax
Ds village ttes commodités, fermette à rénover, 5 P., chem., poutres app., eau, élect., dépendances, sur terrain 1000 m^2.
Px total 75 000 F
Crédit possible: **AVM**

PARIS 180 KM
Prix 89 000 F

COSNE S./LOIRE 5 km
ds hameau, maison **3 P.**
s./cave, grenier amén., dépend., eau ville, élect., jardin
A saisir avec 9 000 F
S. I. A. V.

---

maisons de campagne

Prix 79 500 F
AVEC 8 000 F SEULEMENT
EXCEPT. par prix et état, maison **45 m^2** s./cave, poutres app., chem., eau ville, élect., indépendante sur jardin, bord rivière, habitable de suite.
S. I. A. V.

---

villas

Ile d'Oléron

Part. vd VILLA
s./1050 m^2 clos
4 p. tt cft, cheminée, garage, terrasse, chf. cent., accès priv. plage à 50 m.
Prix 680 000 F.

Région Ploërmel, Morbihan, maison + bâtiments 650 m^2 couvert + bureau + 1,8 ha constructible, conv. artisan ou petit élevage. 300 000 F. Crédit vendeur poss. partiel.

---

maisons de campagne

Charente. Particulier vend petite maison campagne entièrement restaurée tout confort. 150 000 F + viager mensuel 500 F.

Chercher une maison de vacances

Vous travaillez dans une agence immobilière.

Un(e) client(e) (votre partenaire) cherche un appartement pour ses vacances.
Vous lui proposez les logements suivants:

VILLAGE LES SYLVADOURS

105 chalets de bois de pin des landes, regroupés en petits hameaux, au milieu de 6 ha, entre lac et océan. 25M2, séj. av. convertible (2 places), cuis. équip. (él.), chbre 2 lits superposés, sal. d'eau, WC, terr. (8M2); 4 pers. loc. du 28 mai au 25 juin 1300 frs/sem., 25 juin au 3 sept. 2700 frs/sem. Pisc. grat., transp. grat.

CAP D'AGDE. PORT LANO
encore **QUELQUES APPARTEMENTS** à louer, rez de chaussée, 1er étage, dans résidence avec piscine à 150 m de la plage. Idéale pour les enfants, réduction arrière saison (possibilité d'achat).

---

locations saisonnières

Morzine. Hte Savoie, loue 2^{e}quinz. juil. appts. 4 pers. 1800, 6 pers. 2 100, sem. 1 000 et 1300. - Août 6 pers., 3800. 2^{e}quinz. 4 pers. 1500. Résidence Edelweiss, Morzine

---

BORD DE MER
POUR VOS VACANCES

super-appartements à Cabourg dans résidence av. pisc., 4 tenn, aires de jeux
4 pers. 2400 sem., lit d'enfant 300 en sus; libre 15 à 31 août

---

VOS VACANCES DANS LES DUNES

logem. indép., 5 à 8 lits, 1 séj., 2 chbres, kitchenette équipée, salle d'eau, sanitaire; jardin 28M2; restaurant tt près, salle de jeux av. TV, activ. sport. 3300/sem. en août

---

A louer
PORT CAMARGUE - sur le port.
(Possibilités d'amarrage en face.)

Studio-cabine 1700 F
la semaine

La Santa Maria
– son restaurant – sa plage –
Appartements témoin et bureau sur place

A louer juil./août

ESPAGNE, villa 5 pces, gd jardin, tt conf., élect., bain, chem. 11km de plage, village tt près, 66 km de France. Prix choc: 2500/sem. en juillet et sept.

---

2. *Vous voulez acheter une maison de vacances, de préférence en Bretagne, près de la mer. Vous disposez de 320.000 francs. Il vous faut au moins 3 pièces et un jardin ou une terrasse. Vous ne demandez pas trop de confort, mais la maison devra avoir l'électricité et l'eau courante. Vous achèteriez aussi une maison à rénover, à un prix réduit, bien entendu.*

Se disputer avec qn

Quand on se dispute, on peut employer ces tournures:

- Mais ce n'est pas vrai!
- Vous savez bien que ce n'est pas vrai!
- Mais enfin, ne dites pas de bêtises, (s.v.p.)!
- Mais écoutez, ne radotez pas!
  /vulg/ Ne déconnez pas!
- C'est absurde! Vous déraisonnez.
- Je n'ai jamais entendu de telles bêtises!
- Mais quelle insolence/impertinence, alors!
- Vous êtes un(e) insolent(e)!
- Et moi, je vous dis…
- Bon, et moi, je vais vous dire une chose: …
- Ah, mais écoutez, ne me dites pas ça, quand même !
- Quoi?/Comment? Ne me faites pas rire !
- Non, mais quand même ! C'est inacceptable !

Scène 1:

Imaginez que vous êtes professeur de français. Un(e) de vos élèves, la/le plus mauvais(e), vient vous voir pour vous parler. Vous lui aviez rendu une interrogation qui était désastreuse - elle contenait tellement de fautes que vous n'aviez plus envie de les corriger toutes. Si cet(te) élève, qui d'ailleurs parle très mal le français ne fait pas un effort, il/elle ne pourra pas passer dans la classe supérieure.

Scène 2:

Hier, au cours d'épreuves sportives, vous avez couru les mille mètres en 3 minutes ce qui a été la meilleure performance de la journée. Vous en êtes très content(e) et vous le racontez à votre ami(e) qui n'est pas très sportif/ve parce qu'il/elle est trop gros(se). Il /Elle avait toujours de mauvaises notes en éducation physique.

Se disputer avec qn

Quand on se dispute, on peut employer ces tournures:

- Mais ce n'est pas vrai!
- Vous savez bien que ce n'est pas vrai!
- Mais enfin, ne dites pas de bêtises, (s.v.p.)!
- Mais écoutez, ne radotez pas!
  /vulg/Ne déconnez pas!
- C'est absurde! Vous déraisonnez.
- Je n'ai jamais entendu de telles bêtises!
- Mais quelle insolence/ impertinence, alors!
- Vous êtes un(e) insolent(e)!
- Et moi, je vous dis …
- Bon, et moi, je vais vous dire une chose: …
- Ah, mais écoutez, ne me dites pas ça, quand même!
- Quoi?/Comment? Ne me faites pas rire!
- Non, mais quand même ! C'est inacceptable!

Scène 1:
Vous apprenez le français et vous voulez parler à votre professeur. Normalement, vous êtes le/la meilleur(e) élève du cours et vous ne comprenez pas du tout pourquoi votre interrogation a été si mauvaise: vous parlez très bien le français car vous avez fait des études à l'université.
De plus, vous avez l'intention de vous plaindre au directeur que votre prof arrive toujours en retard aux cours.

Scène 2:
Un type très arrogant et que vous connaissez depuis longtemps, vient vous voir. Il croit qu'il est toujours le meilleur en tout - peut-être qu'il souffre d'un complexe d'infériorité …
Vous êtes un excellent sportif - vous courez les mille mètres en deux minutes 30", vous avez déjà sauté sept mètres et vous faites aussi de la boxe.

Relever des contradictions

*Lisez l'interview ci-dessous et racontez-en le contenu
à votre partenaire. Mais n'oubliez rien!
Ensuite, écoutez ce que votre partenaire
vous racontera…*

Reporter: Madame Delavigne, vous apprenez le karaté. Pourquoi?

Alice D. : Eh bien, cela fait partie de ma philosophie, vous comprenez.

Reporter: Il vous reste beaucoup de temps à consacrer à cette ›philosophie‹?

Alice D. : Malheureusement non. Vous voyez, je suis employée à l'Université, alors, il ne me reste que les soirs
pour pratiquer le karaté.

Reporter: Vous êtes mariée?

Alice D. : Non, je vis avec mon frère.

Reporter: Et vous avez d'autres frères ou sœurs?

Alice D. : Non, je n'en ai pas.

Reporter: Vous êtes assez jeune pour que je puisse vous demander votre âge…

Alice D. : Mais bien sûr, j'ai 21 ans.

Reporter: Vous faites encore autre chose pendant vos loisirs, en dehors du karaté?

Alice D. : Ce que je préfère, avant tout, c'est de rester tranquillement chez moi à bouquiner…

Reporter: Encore une question un peu…: Pourriez-vous tuer?

Alice D. : Pas question! Ce n'est pas ça qu'on apprend au cours de karaté! Nous, on ne veut ni tuer ni blesser, on
veut faire du sport, c'est tout!

Reporter: Madame Delavigne, je vous remercie!

*Votre partenaire a lu l'article sur Alice Delavigne dans un journal. Ses informations, cependant, sont assez différentes
des vôtres. Il est évident que le reporter n'a pas écrit toute la vérité.
Cherchez toutes les contradictions entre l'interview et l'article et énoncez-les en employant ›pourtant‹ ou ›alors
que‹:*

Exemple: L'article dit qu'Alice est une femme dangereuse, alors qu'elle est une jeune femme calme.

Relever des contradictions

Lisez l'article ci-dessous et racontez son contenu à votre partenaire. Mais n'oubliez rien!
Ensuite, écoutez ce que votre partenaire va vous dire.

Jeune,
blonde,
dangereuse: **ALICE-LA-KARATÉ**

Elle a 21 ans, elle est jolie, elle est blonde – et elle est dangereuse: pendant ses heures de loisirs, elle apprend le karaté, Alice Delavigne, étudiante à l'Université de Grenoble. Son père fait de la boxe et il a voulu qu'elle fasse du karaté. Avec un coup de pied, Alice peut tuer n'importe qui qui l'attaque. Son mari, le sachant, n'ose même plus lui demander:»Alice, apporte-moi une bière!«. On le comprend… C'est du reste l'intention d'Alice: elle veut devenir karatéka pour faire peur aux hommes. Il n'y a qu'une chose qui la rend triste: dans les discothèques, on la connaît déjà et on l'appelle ›Alice-la-karaté‹-et personne ne veut plus danser avec elle…
Bérénice, sa sœur, 23 ans, nous raconte:
»Quand elle était enfant, elle était déjà brutale, seuls les garçons jouaient avec elle.«

Votre partenaire a lu l'interview d'Alice qui contient des informations assez différentes. Il paraît qu'il y a des reporters qui ne disent (ou écrivent) pas toujours la vérité…
Cherchez toutes les contradictions entre l'interview et l'article et énoncez-les en employant ›pourtant‹ ou ›alors que‹:

Exemple: Dans l'article, on dit qu'elle est étudiante, alors qu' elle travaille comme employée.

A l'agence de voyages

1.

Vous allez faire un voyage de huit jours à Haïti sur lequel vous avez versé un acompte.

Les Antilles sont un vrai paradis. L'année dernière, vous avez passé 12 jours à la Martinique - c'était magnifique!

Le voyage (vol aller et retour, hôtel avec pension complète, boissons) coûte 5 240 francs.

Il vous reste à payer 2 000 francs. Le départ sera dans 5 jours, et une semaine à la plage!

2.

Vous travaillez dans une agence de voyages. Un(e) client(e) arrive pour régler le solde de 840 francs pour un voyage d'études en URSS.

Il y a cependant un problème: le guide qui parle parfaitement le français et le russe est tombé malade deux jours avant et ne pourra en aucun cas accompagner le groupe - il faudra donc que chacun se débrouille seul. L'agence ne peut pas accorder de réduction sur le prix du voyage car elle est obligée de rémunérer le guide, mais en compensation elle propose pour le soir même une conférence avec 150 diapositives sur l'Union Soviétique pour leur donner une vue générale.

Essayez de ne pas perdre votre client.

3.

Vous allez à l'agence de voyages où vous avez versé un acompte pour un safari de deux semaines en Ouganda: vous allez chasser le lion et l'éléphant. La chasse à l'éléphant, c'est ce que vous préférez! Vous circulerez en jeep, car votre rhumatisme vous empêche de marcher longtemps. Le prix du voyage s'élève à 9 999 francs, conducteur compris. Vous avez déjà versé 7 000 francs et vous êtes venu régler le solde. Vous devez partir dans trois jours.

4.

Vous travaillez dans une agence de voyages haut de gamme. Arrive un(e) client(e) qui a réservé un séjour de cinq jours à Milan pour un concert du célèbre chanteur Luciano Pavarotti et un spectacle à la fameuse Scala.Le prix du voyage est de 11 459 francs et comprend le vol aller et retour, tous les transports à Milan, quatre nuits dans une chambre de luxe à l'hôtel »Villa d'Este«, les entrées pour les deux spectacles, un souper avec le chanteur au restaurant Savini et un disque avec dédicace. Le client doit partir dans deux jours, mais il y a un gros problème: le célèbre ténor a attrapé la grippe et il est peu probable que le concert ait lieu. D'autre part, on fait des travaux à la Scala qui peuvent nuire à l'acoustique.

En contrepartie, vous lui proposez un voyage très intéressant: dix jours au Canada, à Montréal. Le prix, 14 320 francs, comprend le vol aller et retour, neuf nuits à l'hôtel Ritz Carlton avec demi-pension, l'entrée pour tous les concerts, y compris le concert de gala du concours international de musique et les ballets classiques de Montréal. Sont également compris deux excursions: Toronto et les chutes du Niagara et un dîner de gala à l'auberge du »Vieux Saint-Gabriel«, le plus ancien restaurant de l'Amérique du Nord.

Essayez de ne pas perdre votre client(e).

A l'agence de voyages

1.
Vous travaillez dans une agence de voyages. Arrive un(e) client(e) qui veut confirmation de son voyage à Haïti et vient régler le solde de 2 000 francs sur un total de 5 240 francs. Malheureusement, la compagnie aérienne qui assurait les vols vers les Antilles a fait faillite et tous les vols ont donc été annulés. Vous avez cependant une contre-proposition à lui faire: dix jours sur le canal de Suez, y compris une excursion au Caire, une excursion de nuit aux pyramides et une promenade en bateau sur le canal, avec musique et danse. Ce voyage coûte le même prix.
Essayez de convaincre votre client(e).

2.
Vous avez versé un acompte pour un voyage d'études en URSS: dix jours avec visites de Moscou, Léningrad, Kiew, etc. Un guide parlant parfaitement le français et le russe accompagnera le groupe. Vous aurez donc l'occasion d'apprendre beaucoup de choses. Le prix du voyage est de 5 210 francs. Vous allez à l'agence de voyages pour payer le solde de 840 francs.
Le départ pour Léningrad est prévu pour le surlendemain.

3.
Vous travaillez dans une agence de voyages. Arrive un(e) client(e) qui vient payer le solde de 2 999 francs sur un total de 9 999 francs pour un safari en Ouganda. Le client devait partir dans trois jours, mais il y a un problème: la saison des pluies a commencé en Ouganda plus tôt que prévu, de sorte que les routes sont impraticables. Impossible cette année de chasser l'éléphant! Mais vous avez deux propositions à faire à votre client: le même voyage dans un an (avec réduction de prix) ou du trekking en Himalaya. Les participants à ce voyage devront être bien entraînés et en bonne santé. Cependant, des porteurs ont été engagés sur place. Le trajet est de 350 kilomètres, le prix du voyage est de 11 499 francs, les vols vers l'Asie étant plus chers.
Essayez de ne pas perdre votre client.

4.
Vous avez réservé un voyage de cinq jours à Milan pour assister à un concert du célèbre chanteur Luciano Pavarotti. Vous n'aviez encore jamais eu l'occasion de le voir sur scène alors que vous avez beaucoup d'admiration pour lui depuis des années. De plus, il est prévu un souper au fameux restaurant Savini, en compagnie du célèbre ténor. Le prix du voyage (11 459 francs) comprend aussi une soirée à la Scala et, bien sûr, le vol, les transports à Milan et le séjour à l'hôtel de luxe »Villa d'Este«.
Vous allez à l'agence de voyages pour vous informer en détail du voyage qui commencera dans deux jours.

Raconter une histoire

Première histoire

L'ordre des événements de votre bande dessinée a été brouillé.
Adressez-vous à votre partenaire qui vous décrira les dessins pour que vous les mettiez en ordre. Si vous ne le/la comprenez pas bien, n'ayez pas peur de le faire répéter. Numérotez chaque dessin.

2ᵉ histoire:

Voici une bande dessinée. Essayez de faire trouver à votre partenaire l'ordre des dessins en les lui décrivant.

Moyens linguistiques: Sur le premier dessin, il y a un(e) ...
tu vois/vous voyez ...
on peut voir ...

Maintenant, donnez un titre à l'histoire et racontez-la aux autres. Employez un temps au passé.

Raconter une histoire

1ère histoire:

Voici une bande dessinée. Essayez de dire à votre partenaire quel est l'ordre des dessins en les lui décrivant l'un après l'autre.

Moyens linguistiques: Sur le premier dessin, il y a un(e) ...

tu vois/vous voyez ...

on peut voir ...

2e histoire:

L'ordre des événements de votre bande dessinée a été brouillé. Interrogez votre partenaire qui vous donnera l'ordre des dessins en les décrivant. Si vous ne le/la comprenez pas bien, n'ayez pas peur de lui redemander. Numérotez chaque dessin.

Maintenant, donnez un titre à l'histoire et racontez-la aux autres. Employez un temps au passé.

Relever des contradictions

Il y a quelques jours, a eu lieu dans votre ville un hold-up spectaculaire à la Banque Centrale.
Les malfaiteurs ont volé 7 664 419 francs 50. Deux témoins ont assisté à la scène. C'est important parce que les truands n'ont laissé aucune trace. L'un des témoins a parlé à votre partenaire, et vous avez pu parler à l'autre. Celui-ci vous a raconté tout ce qu'il avait vu et vous le répétez maintenant à votre partenaire.
Ecoutez ensuite sa version, comparez les deux témoignages et faites attention aux contradictions. Mais ne lui montrez pas votre texte!

Voilà ce que vous a raconté ›votre‹ témoin:

›Moi, j'ai tout vu de près: C'était un beau matin de printemps, et je me promenais aux environs de la Banque Centrale lorsque, tout à coup, une voiture - certainement une Peugeot bleu foncé - s'est arrêtée brusquement devant la banque. Il y avait quatre personnes dans la voiture, toutes masquées de sorte que je ne pouvais pas voir si c'étaient des hommes ou des femmes. Trois personnes, dont le conducteur de la voiture, en sont sorties aussitôt; deux personnes portaient des mitraillettes. En les apercevant, plusieurs personnes se sont sauvées. Tous les trois sont entrés dans la banque. La quatrième personne qui était restée dans la voiture s'est mise au volant. Comme j'étais tout près d'une cabine téléphonique, j'ai tout de suite appelé la police tout en observant ce qui allait se passer. Deux minutes après - il était alors deux heures deux -, quatre personnes masquées dont l'une portait un grand sac ont quitté la banque en courant et sont montées en vitesse dans la voiture. Là, il y eut un petit incident: le moteur ne voulait pas démarrer, mais au deuxième essai, ça a marché et la voiture est partie - assez lentement d'ailleurs. La police n'est arrivée que trois minutes plus tard.
Je n'ai pas pu lire en entier le numéro, je crois qu'il commençait par un 12 ... Malheureusement, je n'ai pas vu le reste.
Ah!, il y a encore une chose à signaler: une des personnes qui est entrée dans la banque portait des chaussures rouges. Toutes étaient habillées en marron, et elles étaient de tailles différentes.

Moyens linguistiques: Il a dit qu'il se trouvait tout près lorsque ...
Il n'a pas pu lire le numéro de la voiture ...
Il m'a raconté qu'il avait tout de suite ...

Relever des contradictions

Il y a quelques jours, a eu lieu dans votre ville un hold-up spectaculaire à la Banque Centrale.
Les malfaiteurs ont volé 7 664 419 francs 50. Deux témoins ont assisté à la scène. C'est important parce que les truands n'ont laissé aucune trace. L'un des témoins a parlé à votre partenaire, et vous avez pu parler à l'autre. Celui-ci vous a raconté tout ce qu'il avait vu et vous le répétez maintenant à votre partenaire.
Ecoutez ensuite sa version, comparez les deux témoignages et faites attention aux contradictions. Mais ne lui montrez pas votre texte!

Voilà ce que vous a raconté ›votre‹ témoin:

Il était alors exactement 13 h 59 - j'attendais l'heure des nouvelles à la radio. J'étais à la fenêtre en train d'arroser mes fleurs quand j'ai vu une voiture bleue s'arrêter juste au-dessous. Le numéro minéralogique commençait par 721, je crois - je n'y ai pas fait tellement attention bien qu'ayant tout vu - mon appartement étant en face de la Banque Centrale. Il y avait peu de monde dans la rue, c'est normal à cette heure-là. J'avais l'impression que les cinq passagers de la voiture n'étaient pas pressés - ce n'est qu'après quelques secondes que trois d'entre eux sont descendus de la voiture et ont traversé la rue pour entrer dans la banque. Le conducteur était resté dans la voiture, le moteur marchait. C'est alors que j'ai compris la situation: deux hommes, vêtus en marron, portaient des mitraillettes. Un troisième portait un imperméable car il pleuvait. Je vous signale aussi que l'un d'eux portait des chaussures rouges et qu'ils étaient de tailles différentes. Je n'ai pas pu voir leurs visages parce que tous les trois étaient masqués.

Quand ils avaient disparu dans la banque, j'ai couru au téléphone pour avertir la police. Ça a pris un moment parce que la ligne était occupée, et quand la ligne fut enfin libre, on m'a dit qu'on les avait déjà avertis. Alors je suis retourné à la fenêtre. Ils étaient remontés en voiture et sont partis assez vite. Ce n'est que trois minutes après que la police est arrivée.

Moyens linguistiques: Il m'a raconté qu'il attendait l'heure des nouvelles ...
Il ne se souvenait plus du numéro ...
Il a ajouté qu'il n'avait pas pu voir ...

Relever les dates importantes dans un texte

JULES VERNE

Notez les dates. Si votre partenaire lit trop vite, demandez-lui de répéter.

.... «Société pour la recherche de la
            navigation aérienne»

.... voyages en Angleterre et dans les
            pays scandinaves

.... conseiller municipal

.... naissance de Jules Verne

.... *Le tour du Monde en 80 jours*

.... *Les compagnons de la Marjolaine*

.... mariage

.... roman anti-femmes

.... *Hector Servadac*

.... premier succès

.... il décrit le cinéma et le phonographe

.... *Voyage au centre de la terre*

.... *César Cascabel*

.... mort de Jules Verne

.... durée de son premier contrat

.... croisière en Méditerranée

.... *De la Terre à la Lune*

.... tentative de fuite

.... thèse de doctorat

.... *Vingt mille lieues sous les mers*

LA BRASSERIE LIPP

Lisez le texte à haute voix et aidez votre partenaire à trouver les dates importantes.

Les grands romanciers et les stars de spectacle, les hommes politiques et les journalistes célèbres, les vedettes du cinéma et du théâtre aiment se rencontrer à la brasserie Lipp. Dans un beau décor de céramiques que Léon Fargue a peintes en 1887 et qui représentent des plantes vertes et des perroquets blancs, il y a deux groupes de clients: ceux qui viennent pour être vus et ceux qui désirent voir les personnalités de Paris ...

Située au 151, boulevard Saint-Germain, la brasserie Lipp a quelque chose de nostalgique qui lui donne tout son charme. Le décor, la tenue traditionnelle des garçons et les repas servis comme il y a 100 ans, surprennent. L'accueil est d'une amabilité extrême. Ce lieu de paix est fréquenté régulièrement par des stars étrangères, comme Ursula Andress et Sean Connery. On peut y rencontrer Françoise Sagan, Jean-Paul Belmondo, le chanteur Jacques Dutronc, des écrivains et des députés. Avant d'être élu président de la République en 1981, François Mitterrand était un des plus fidèles habitués du restaurant, tout comme l'humoriste Thierry Le Luron, mort en 1987. Et malgré les problèmes de sécurité, le Président revient toujours dîner chez Lipp ...

La Vème République à compté trois présidents parmi les meilleurs clients de la Brasserie Lipp, et c'est là que Mitterrand a appris, en 1974, la mort du Président Pompidou qui, lui aussi, venait souvent chez Lipp.

Le temps passe, et Lipp ne change pas. Belmondo est assis à la table où Léon Blum, le chef du premier gouvernement du front populaire (1936/37) fut sifflé par un groupe de gourmets très conservateurs en 1935. Le socialiste, né en 1872 et mort à l'âge de 78 ans, adorait la bonne cuisine et venait très souvent en compagnie de sa femme.

Tout ici est chargé d'histoire, et Annie Perrochon, actuellement à la tête de l'établissement, est décidée à garder en cet état 'ce cher vieux Lipp', comme l'a appelé Georges Bernanos. Annie est la nièce de Roger Cazes, mort en avril 1987 à l'âge de 73 ans après avois dirigé l'illustre établissement depuis 1961. Elle est devenue P.D.G. de Lipp aux côtés de Raymonde Cazes, née en 1906, la veuve de Roger Cazes dont le père, un Auvergnat, avait fondé la brasserie en 1920. Il donna en 1926 au restaurant sa forme actuelle et choisit un nom qui se composait des quatre premières lettres du nom du premier propriétaire, Léonard Lippman. Celui-ci, Alsacien, exilé par les Allemands en 1880, avait donné au café le nom de ›Brasserie des bords du Rhin‹. Marcelin Cazes lança Lipp à 32 ans avec sa jeune femme Clémence. Dans un livre de souvenirs, *50 ans de chez Lipp*, publié en 1966, il a raconté comment il avait transformé le restaurant en institution. Roger Cazes a adopté la politique de son prédécesseur, et Annie Perrochon suit la tradition. Elle lutte contre une légère baisse de fréquentation qui a commencé en 1981 et, pour la première fois depuis 1926, il y aura des travaux d'aménagement. Cette élégante jeune femme, qui, de 1980 à 1987, avait été P.D.G. d'une société d'informatique, veut faire décorer le premier étage à l'exemple du rez-de-chaussée. Mais elle devra se méfier: on ne touche pas à une institution sans avoir des problèmes ...

D'après: «Quand une brasserie devient une institution». Dans: *écoute* nº 2/ février 1988. (c) Edition Spotlight-Verlag

Relever les dates importantes dans un texte

Lisez le texte à haute voix et aidez votre partenaire à trouver les dates importantes.

JULES VERNE

Il y a 160 ans, le 8 février 1828, est né à Amiens Jules Verne, le plus lu et le plus traduit de tous les écrivains français. Et pourtant, traduit en vingt-cinq langues et popularisé par le cinéma, la télévision et le livre de poche, Jules Verne reste, soixante-quinze ans après sa mort, un des écrivains les moins connus de la littérature française.

Fils aîné d'un avocat de Nantes, il rêvait très tôt de s'évader - chaque fois qu'il voyait un des grands bateaux qui partaient pour le bout du monde. A onze ans, il a même essayé de s'embarquer sur un bateau qui allait partir pour l'Inde. Mais son père l'a attrapé et Jules a dû lui promettre de ne voyager qu'en rêve. Pendant ses études de droit à Nantes et à Paris, il se réfugiait dès qu'il le pouvait à la Bibliothèque Nationale et lisait des livres de voyage, d'explorations, de géographie, de mathématiques et de sciences naturelles. En 1850, il a passé sa thèse de doctorat, mais a refusé de revenir à Nantes.

Il commença par écrire des pièces de théâtre, mais sans succès. En 1855, il publia le livret de l'opérette *Les compagnons de la Marjolaine* qui connut un succès modeste. A l'âge de 29 ans, il se marie avec une jeune veuve et devient agent de change à la Bourse de Paris. C'est alors que commence l'époque de ses voyages: en 1859, il va en Angleterre, deux ans plus tard, il explore les pays scandinaves. Entre temps, il courait les maisons d'édition, sans succès, jusqu'à ce qu'il rencontre Jules Hetzel qui sera son éditeur et son ami. C'est cet éditeur, déjà bien connu à l'époque, qui l'aidera à préciser et mettre en forme la grande idée d'écrire «le roman de la science». En 1858, Jules Verne avait rencontré Nadar, le célèbre photographe, passionné comme lui d'aéronautique, et avait fondé avec lui la «Société pour la recherche de la navigation aérienne».

En 1862, Jules Verne écrit le fameux roman *Cinq semaines en ballon* et le présente à Hetzel qui lui offre immédiatement un contrat de vingt ans. Le roman est publié dans le «Magasin illustré d'éducation et de récréation» et connaît un succès énorme. Les jeunes aiment son imagination et les adultes, son jeu scientifique. Son deuxième roman, *Voyage au centre de la terre*, paru en 1864, le rend déjà célèbre, surtout ses intuitions étonnantes. Avec des dizaines d'années d'avance, Jules Verne donnait des descriptions d'explorations qui étaient étonnamment près de la réalité. Ainsi, dans son roman de 1890 *Le Château des Carpates*, il décrit déjà le phonographe et le cinéma!

Devenu riche, il peut s'acheter un yacht et commence, en 1866, à faire de longues croisières vers le Nord et le Sud. Il traverse l'Atlantique, visite l'Ecosse, la Norvège, voyage en Méditerranée, en mer Baltique. Il ne décrit pas seulement ses voyages, mais imagine de nouvelles machines qui préfigurent les inventions de notre époque.

En 1889, il est élu au conseil municipal d'Amiens, sur une liste radicale.

En tout, il a publié quatre-vingts romans et quinze pièces de théâtre. Ses plus grands succès furent *De la Terre à la Lune,* écrit en 1865, *Vingt mille lieues sous les mers* - le roman qui, publié 5 ans plus tard, met au monde un personnage central de Jules Verne, le capitaine Némo - puis, en 1873, le célèbre *Tour du Monde en quatre-vingts jours.*

Cependant, Jules Verne a aussi ses côtés noirs: les éducateurs rejettent son roman *Hector Servadac* (de 1877) pour son antisémitisme, *César Cascabel* (1890) pour son chauvinisme, et c'est même aux femmes qu'il s'attaque, en 1896, dans son roman *Clovis Dardento*r... Pour le reste cependant, Jules Verne, qui est mort le 24 mars 1905, reste et restera un des grands auteurs de la jeunesse et un des précurseurs de la littérature de science-fiction.

Notez les dates. Si votre partenaire lit trop vite, demandez-lui de répéter.

LA BRASSERIE LIPP

.... Léon Blum chef du premier gouvernement du front populaire
.... travaux d'aménagement
.... Léonard Lippman exilé
.... Annie Perrochon devient P.D.G. d'une société d'informatique
.... mort de Thierry le Luron
.... naissance de Roger Cazes
.... Roger Cazes devient directeur de Lipp
.... fondation du café-brasserie
.... mort de Georges Pompidou

.... Léon Fargue peint les céramiques
.... naissance de Raymonde Cazes
.... forme actuelle du café
.... début de la baisse de fréquentation
.... Léon Blum est sifflé chez Lipp
.... mort de Roger Cazes
.... Mitterrand devient président
.... naissance de Léon Blum
.... publication de *50 ans de chez Lipp*
.... mort de Léon Blum

Dissiper des malentendus

Vous pouvez employer les tournures suivantes:

– Excusez-moi, |	mais il est |	possible que vous n'ayez pas remarqué que ...
	est-il |	
Excuse-moi, |	serait-il |	possible que tu n'aies pas remarqué que ...

– Pardon, monsieur/madame, je crois qu'il y a un malentendu.
– Excuse(z)-moi, mais il me semble que c'est une erreur.
– Pardon, mais je crains que vous (ne) vous trompiez.
– Ah non, ce n'est pas possible!
– Mais non, c'est impossible - vous voyez, je ...

Situation 1:

Vous êtes au théâtre. On donne *Le malade imaginaire* de Molière. Quelqu'un arrive et veut vous parler. Vous êtes journaliste et on vous a demandé d'écrire avant demain une critique pour un grand journal.
Vous avez acheté un billet à prix réduit, il y a dix minutes.

Situation 2:

Vous voyagez en train de Rouen à Nice. Vous avez réservé, au départ de Rouen, une place dans un wagon-lit, mais quand vous entrez dans votre compartiment, votre lit est déjà occupé. Vous êtes employé de la SNCF et par conséquent, vous avez droit à tous les privilèges ...

Restez poli, s'il vous plaît.

Dissiper des malentendus

Vous pouvez employer les tournures suivantes:

– Excusez-moi,	mais il est	possible que vous n'ayez pas remarqué que ...
	est-il	
Excuse-moi,	serait-il	possible que tu n'aies pas remarqué que ...

– Pardon, monsieur/madame, je crois qu'il y a un malentendu.
– Excuse(z)-moi, mais il me semble que c'est une erreur.
– Pardon, mais je crains que vous (ne) vous trompiez.
– Ah non, ce n'est pas possible!
– Mais non, c'est impossible - vous voyez, je ...

Situation 1:

Vous allez au théâtre. On donne *Le malade imaginaire* de Molière. Votre billet est valable, et pourtant quelqu'un est assis à votre place. Vous avez acheté ce billet, il y a deux jours, à un ami qui avait un empêchement. La pièce va commencer dans trois minutes.
Soyez poli, s'il vous plaît!

Situation 2:

Vous êtes dans le train de Rouen à Naples, bien allongé dans votre wagon-lit. Vous voulez passer vos vacances en Italie. Ce ne sont pas toutefois de vraies vacances: vous êtes inspecteur d'Interpol et vous devez recueillir des informations sur la Camorra. Vous avez acheté votre billet et avez réservé en même temps un wagon-lit, il y a deux semaines à Copenhague. Votre lit est très confortable, et vous êtes juste en train de vous endormir lorsque quelqu'un arrive et veut vous parler.

Faire une réclamation

Pour vous plaindre, employez les tournures suivantes:

- Je voudrais faire une réclamation
- Je veux me plaindre de M./Mme ...
- Il est absolument inadmissible que ...
- C'est inouï ! Je veux ...
             Je n'accepte pas que ...
- Je trouve que ça ne se fait pas.
- Alors là, tu exagères quand même/vraiment.

1. Vous apprenez le français dans une école de langues. Vous vous plaignez auprès du directeur que

- le professeur ne parle que français
- le professeur est toujours en retard
- à cause de la proximité de l'hôpital, on entend toutes les cinq minutes les sirènes d'une ambulance
- le magnétophone ne fonctionne pas bien
- il n'y a pas de salle de réunion pour les étudiants
- l'immeuble n'a pas d'ascenseur

2. Vous êtes gérant d'un restaurant. Un client vient faire une réclamation. Vous pouvez lui donner raison, ou pas, ou essayer de lui expliquer pourquoi tout ne marche pas aujourd'hui comme prévu.

3. Vous êtes en vacances et habitez au 7e étage d'un hôtel trois étoiles.
   Vous vous plaignez auprès du directeur que

- l'ascenseur est en panne depuis trois jours
- le lit n'est jamais fait
- les toilettes sont toujours occupées
- il n'y a pas de ventilateur dans la salle à manger

4. Vous êtes la/la propriétaire d'une pension. Un(e) client(e) vient se plaindre de différentes choses. Vous pouvez lui donner raison, ou pas, ou essayer de lui expliquer pourquoi les choses ne marchent pas normalement.

Faire une réclamation

Pour vous plaindre, employez les tournures suivantes:

> – Je voudrais faire une réclamation
> – Je veux me plaindre de M./Mme ...
> – Il est absolument inadmissible que ...
> – C'est inouï ! Je veux ...
>   Je n'accepte pas que ...
> – Je trouve que ça ne se fait pas.
> – Alors là, tu exagères quand même/vraiment.

1. *Vous êtes directeur/directrice d'une école de langues. Un(e) étudiant(e) vient se plaindre. Vous pouvez lui donner raison ou pas, ou essayer de lui expliquer pourquoi c'est ainsi.*

2. *Vous êtes au restaurant et vous vous plaignez auprès du gérant/de la gérante que*

– vous avez attendu 55 minutes avant d'être servi
– le garçon a renversé du vin sur votre pantalon
– le plat principal était froid
– le steak au poivre était sans poivre
– le garçon ne comprend presque pas le français
– il y avait une souris dans la salle à manger
– le garçon a les cheveux sales

3. *Vous êtes directeur/directrice d'un hôtel trois étoiles. Un client vient se plaindre de plusieurs choses. Vous pouvez lui donner raison ou pas, ou essayer de lui expliquer pourquoi tout ne marche pas, depuis quelques jours, comme prévu.*

4. *Vous êtes en vacances et habitez dans une pension. Un jour après votre arrivée, vous vous plaignez auprès du/de la propriétaire que*

– on entend tout ce qui se passe dans la chambre à côté
– eau chaude seulement entre 10 heures du soir et minuit
– la nuit, on entend des grignotements dans la chambre
– à 2 km, il y a un aéroport militaire
– à côté, il y a des odeurs désagréables

Savoir se défendre lors d'une situation inattendue

Scène 1:

Vous êtes Nathalie Dufresne, 26 ans. Vous habitez dans un foyer de jeunes filles, avec 112 places. Dans ce foyer, il est interdit de recevoir de visite masculine. Vous trouvez ce règlement absurde.

Le week-end prochain, votre cousin veut vous rendre visite. Vous allez donc voir le directeur du foyer pour lui demander la permission de l'héberger. Le directeur est un homme assez agréable. Discutez avec lui.

Scène 2:

Vous êtes directrice d'un foyer de jeunes gens, où logent 255 pensionnaires. Il est strictement interdit de recevoir de visite féminine dans les chambres. Or, vous avez des problèmes avec Didier Menuisier: ces dernières semaines, ses voisins ont entendu du bruit dans la salle de bains, alors que Didier n'était pas là. Un voisin a même entendu Didier parler à quelqu'un dans la salle de bains. Il suppose que c'était une amie de Didier.

Quand vous avez voulu voir ce qui se passait, la chambre était fermée à clé. Vous voulez avoir un entretien avec M. Menuisier.

Savoir se défendre lors d'une situation inattendue

Scène 1 :

Vous êtes directeur d'un foyer de jeunes filles de 112 places. Il est strictement interdit de recevoir la visite de messieurs dans les chambres. Vous devez assurer l'ordre et c'est pourquoi vous veillez à ce que chacun suive le règlement.

Or, vous avez entendu dire qu'une pensionnaire, Mlle Dufresne, a invité un ami pour le prochain week-end - et, bien sûr, sans vous en avoir informé. Voilà justement Mlle Dufresne qui vient vous voir pour vous demander quelque chose.

Scène 2 :

Vous êtes Didier Menuisier, 24 ans. Vous habitez dans un foyer de jeunes gens de 255 places. Le règlement dit que »l'accès aux chambres est strictement interdit aux femmes et aux animaux«.
Cependant, depuis dix jours, vous avez un jeune crocodile dans la baignoire. C'est seulement pour quelques jours - vous attendez que votre sœur ait fini d'installer son terrarium. Evidemment, personne ne doit l'apprendre.
Et voilà que la directrice veut vous parler ...

56A

Retrouver l'ordre logique

Vous et votre partenaire devez retrouver le texte de deux lettres dans ces phrases en désordre.
Chaque lettre se divise en 10 parties. Vous en avez cinq pour chaque lettre.
Lisez tous les fragments à votre partenaire autant de fois que vous voudrez, mais sans les lui montrer, et vice versa.
Tous sont marqués d'une lettre.
Notez les fragments que vous avez trouvés.

(g) Avant-hier, Roland, qui a une nouvelle Yamaha,

(r) Comme à deux heures du matin il n'était pas au lit, mamie

(c) Il n'a été que légèrement blessé,

(s) Je n'ai pas le cœur à vous raconter d'autres nouvelles.
Je vous embrasse. *Serge*

(p) mais toutes les tartes étaient couvertes d'éclats de verre, et la pâtissière l'a prié de les payer toutes, sinon, elle appellerait la police.

(o) Il n'avait pas dû souffrir.

(b) Chers amis,
Depuis que nous sommes de retour, il s'est passé pas mal de choses.

(e) un verre de cognac encore à la main, les yeux grands ouverts.

(f) Lundi, mon cher petit grand-père de Limoges

(k) Sur une piste cyclable, le long de la rue, circulait un vieux monsieur en vélo qui tenait en laisse un grand berger allemand.

Notez les lettres:

Lettre 1:

1	2	3	4	5	6	7	8	9	10
a									

Lettre 2:

1	2	3	4	5	6	7	8	9	10
b									

Retrouver l'ordre logique

Vous et votre partenaire devez retrouver le texte de deux lettres dans ces phrases en désordre.
Chaque lettre se divise en 10 parties. Vous en avez cinq pour chaque lettre.
Lisez tous les fragments à votre partenaire autant de fois que vous voudrez, mais sans les lui montrer, et vice versa.
Tous sont marqués d'une lettre.
Notez les fragments que vous avez trouvés.

(j) Je crois que ce fut un grand choc pour notre grand-mère, elle nous téléphone maintenant tous les jours. Je la comprends - dans une telle situation, on a besoin d'affection.

(i) est décédé seulement deux jours avant son 90e anniversaire. On ne s'y attendait pas du tout.

(a) Cher Sylvain, chère Elodie,
Ça fait longtemps que je ne vous ai pas écrit - et si je vous écris aujourd'hui, c'est pour vous annoncer une triste nouvelle:

(q) Roland, en voulant l'éviter, est carrément entré dans le magasin - cependant, pas par la porte comme on pourrait le penser, mais par la vitrine!

(m) est descendue voir ce qu'il faisait: Il était assis dans son fauteuil,

(t) a carrément foncé dans la devanture d'une grande pâtisserie.

(l) Actuellement, nous avons 17 tartes à la crème qu'on peut admirer, bien alignées, dans notre cuisine - et personne ne fête son anniversaire! En voici la raison:

(h) Il avait regardé le match de rugby France-Pays de Galles et voulait ensuite se coucher.

(n) Moi, j'ai ri aux larmes quand on m'a raconté cette histoire.
Bon, ce sera tout pour aujourd'hui.
Je vous embrasse tous *Valérie*

(d) En s'approchant d'un réverbère, le chien est passé à droite, le vieux monsieur à gauche, et il est forcément tombé,

Notez les lettres: Lettre 1:

1	2	3	4	5	6	7	8	9	10
a									

Lettre 2:

1	2	3	4	5	6	7	8	9	10
b									

Décrire et identifier des personnes

1. Vous êtes à Marseille, confortablement assis au soleil à la terrasse d'un des petits cafés du Vieux Port. Vous aviez posé votre sac à main sur la table devant vous. Malheureusement, pour un court instant, vous n'aviez pas fait attention, et un homme a profité de l'occasion pour prendre votre sac et s'enfuir. Vous courez après lui, mais il disparaît dans la foule.

Vous avez perdu beaucoup d'argent et tous vos papiers.

Alors, vous allez maintenant au commissariat de police et remplissez un questionnaire. Vous essayez de décrire le malfaiteur.

SIGNALEMENT

Homme ✖	Femme	0	Age estimé **45**	Taille **1,75**	Poids				
Cheveux	noirs chauve barbe	0 0 0	blonds 0 clairsemés ✖ moustache ✖	châtains ✖ frisés ✖		roux longs	0 0	gris courts	0 0
Yeux	noirs bleu clair	0 0	brun-foncé 0 bleu-foncé 0	brun-clair 0 grands 0		verts petits	0 0	gris ronds	0 0
Sourcils	épais	0	joints 0	séparés 0		normaux	0		
Nez	grand large	0 ✖	petit 0 mince 0	aquilin 0		courbé	0		
Visage	rond	0	large 0	carré ✖		ovale	0		
Signes particuliers	cicatrices membres déformés	0 0	tatouages 0	autres 0		handicaps	0		

2. Vous travaillez à Paris, au commissariat de police du Xe arrondissement, à la gare de l'Est. Arrive un(e) touriste qui vous raconte qu'il/elle a vu une femme voler le porte-monnaie de son ami qui est venu avec lui/elle pour porter plainte.

Vous lui demandez de vous faire une description de la voleuse et vous essayez de l'identifier grâce au fichier ci-dessous. Si vous croyez l'avoir reconnue, montrez la ›photo‹ au/à la touriste et vérifiez ce qu'il/elle prétend.

1   2   3   4

Moyens linguistiques:	– Vous pouvez identifier le/la suspect/e? – Il/elle avait les cheveux très courts, les yeux noirs, il portait ... – C'était une femme aux yeux clairs, avec des lunettes de soleil ...

Décrire et identifier des personnes

1. *Vous travaillez au commissariat de police du premier arrondissement de Marseille, tout près du Vieux Port. Arrive un(e) touriste à qui on a volé son sac à main avec beaucoup d'argent et tous ses papiers.*
   Vous lui demandez de vous faire une description du voleur que vous essayez d'identifier dans le fichier de la police. Si vous croyez avoir trouvé le suspect, montrez la ›photo‹ du voleur à votre témoin et vérifiez son affirmation.

| 1 | 2 | 3 | 4 |

2. *Ce matin, pendant que vous preniez votre petit déjeuner au café, face à la gare de l'Est, vous avez vu une femme voler le porte-monnaie de votre ami qui était en train de prendre des cigarettes au distributeur. Vous aviez crié, mais la femme avait déjà filé. Alors, vous allez au commissariat de police et remplissez un questionnaire. Vous décrivez la femme:*

SIGNALEMENT

Homme	0	Femme	✗	Age estimé **30**		Taille **170**		Poids			
Cheveux		noirs chauve barbe	✗ 0 0	blonds clairsemés moustache	0 0 0	châtains frisés	0 0	roux longs	0 0	gris courts	0 ✗
Yeux		noirs bleu clair	0 0	brun-foncé bleu-foncé	0 0	brun-clair grands	0 0	verts petits	0 ✗	gris ronds	0 0
Sourcils		épais	✗	joints	0	séparés	0	normaux	0		
Nez		grand large	0 0	petit mince	0 0	aquilin	0	courbé	✗		
Visage		rond	0	large	0	carré	0	ovale	✗		
Signes particuliers		cicatrices	✗	membres déformés	0	tatouages	0	autre	0	handicaps	0

Moyens linguistiques: – Vous pouvez identifier le/la suspect/e?
                 – Il/elle avait les cheveux très courts,
                    les yeux noirs, il portait ...
                 – C'était une femme aux yeux clairs, avec
                    des lunettes de soleil ...

Solutions

U 31:
1. L'Amerique du Nord: les Vikings
   L'Amérique du Sud: Christophe Colomb
2. Non, de Sibérie
3. Belgrade/Beograd
4. Roald Amundsen
5. Oui
6. 3600
7. Oui
8. en 1914
9. Oui
10. (réponse individuelle)

U 32: A:

1	2	3	4	5	6	7
F	B	A	C	D	G	E

B:

1	2	3	4	5	6	7
K	J	N	M	L	I	H

U 39:
partie I: annonce 4 (à la rigeur)
partie II: annonce 5

U 52: Jules Verne

1858	«Société pour la recherche ...»	1890	prévoit le cinéma...
1859-1861	voyages en Angleterre et pays scandinaves	1864	*Voyage au centre...*
1889	conseiller municipal	1890	*César Cascabel*
1828	naissance de Jules Verne	1905	mort de Jules Verne
1873	*Le tour du monde ...*	1862-1882	durée du premier contrat
1855	*Les compagnons de la M. ...*	1866	croisière en Méditerranée
1857	mariage	1865	*De la Terre à la Lune*
1896	roman anti-femmes *Clovis...*	1839	tentative de fuite
1877	*Hector Sarvadac*	*1850*	*thèse de doctorat*
1862	Premier succès	1865	20.000 lieues sous les mers

U 52: La brasserie Lipp

1936-37:	Léon Blum chef du gouvernement	1887	Léon Fargue peint céramiques
1988	travaux d'aménagement	1906	naissance de Raymonde Cazes
1880	Léonard Lippmann exilé	1926	forme actuelle du café
1980	Annie Perrochon devient P.D.G. ...	1981	début du déclin de la brasserie
1987	mort de Thierry le Luron	1935	Léon Blum est sifflé chez Lipp
1914	naissance de Roger Cazes	1987	mort de Roger Cazes
1961	Roger Cazes devient directeur	1981	Mitterrand devient président
1920	fondation du café-brasserie	1872	naissance de Léon Blum
1974	mort du président Pompidou	1966	publication de *50 ans de chez Lipp*
		1950	mort de Léon Blum

U 56: Lettre 1 (Grand-père):

1	2	3	4	5	6	7	8	9	10
a	f	i	h	r	m	e	o	j	s

Lettre 2 (Accident):

1	2	3	4	5	6	7	8	9	10
b	l	g	t	k	d	q	c	p	n

U 57:
Homme no. 3
Femme no. 1